Joseph Klatzmann

Jüdischer Witz
und Humor

Aus dem Französischen
von Thomas Schultz

Verlag C.H.Beck

Für ihre freundliche Hilfe danke ich
François Clerc, Marina Rodna und
ganz besonders meiner Tochter Rosine
und Prof. Jean-Claude Gluckman.

Die Originalausgabe erschien unter dem Titel:
«L'humour juif»
© Presses Universitaires de France, Paris 1998 / 2009

Für die deutsche Ausgabe
© Verlag C.H.Beck oHG, München 2011
Satz, Druck u. Bindung: Druckerei C.H.Beck, Nördlingen
Umschlaggestaltung: malsyteufel, Willich
Umschlag: Die Marx-Brothers im Kaufhaus.
© ullstein bild – united archives
ISBN 978 3 406 61438 5
Printed in Germany
www.beck.de

Inhalt

Einleitung

Was ist der jüdische Humor? Es lässt sich zunächst einfacher definieren, was nicht dazugehört, selbst wenn es sich dabei um Beispiele handelt, die in Werken über den jüdischen Humor zu finden sind.

Sogenannte Judenwitze, die von Nichtjuden erdacht wurden und im Allgemeinen antisemitischen Charakter tragen, haben selbstverständlich nichts mit dem jüdischen Humor zu tun. Sicherlich finden sich manche Witze in beiden Traditionen wieder, aber diese Überschneidung erklärt sich eher aus der Selbstironie, die im jüdischen Humor so häufig anzutreffen ist.

Es genügt jedoch nicht, dass ein Witz von einem Juden erdacht wurde und andere Juden betrifft, um dem jüdischen Humor anzugehören. In der Tat findet man in nahezu allen Büchern über jüdischen Humor Witze, die, ohne dass man – mit Ausnahme von einigen Personen- und Ortsnamen – ein einziges Wort daran zu ändern bräuchte, überall auf der Welt erzählt werden könnten.

Welche «Judenwitze» also (selbst wenn sie nicht als solche vorgestellt werden) können berechtigterweise als dem jüdischen Humor zugehörig betrachtet werden?

Darauf gibt es gleich zwei Antworten. Zum einen haben die Juden in allen Ländern, in die sie zerstreut wurden, eine einzigartige, keiner anderen kulturreligiösen Gruppe vergleichbare Geschichte durchlebt. Zwar wurden, seit es Menschen gibt, viele Gemeinschaften Opfer von Verfolgungen und Massakern, aber was die Juden erlitten, hatte immer einen spezifischen Charakter. Wenn große Katastrophen auch schwerlich zu einer humorvollen Sicht der Dinge anregen, konnte der Humor doch eine Form von

Widerstand gegen die kleinen täglichen Verfolgungen oder gegen das Elend der Gettos bilden. Selbst in der Anfangszeit des Naziregimes, als das Ausmaß der bevorstehenden Katastrophe noch nicht zu erahnen war, erzählte man sich noch Witze.

Um zweifelsfrei dem jüdischen Humor anzugehören, muss ein Witz also speziell die Probleme der Juden ansprechen und von Juden erdacht worden sein (wobei es durchaus vorkommen kann, dass Witze, die nicht dem jüdischen Humor angehören, in ihrer Sicht der Welt etwas Jüdisches haben).

Im Übrigen ist es kein Zufall, dass ein Großteil der Witze, die dem jüdischen Humor zuzurechnen sind, in Jiddisch erdacht wurde, in der Sprache, die die Juden Ost- und Mitteleuropas sprachen und die eine ganz eigene Würze besitzt. Beherrscht man sie, erkennt man den jüdischen Charakter einer Anekdote, selbst wenn diese in einem Kontext steht, der sie nicht als solche präsentiert. Witze über den Umgang mit Geld finden sich sowohl in der antisemitischen Tradition als auch im jüdischen Humor, aber es sind selten die gleichen, und im Allgemeinen sind sie leicht voneinander zu unterscheiden. Der leider recht unbekannte Witz über das ausgesetzte Kind (siehe S. 95) ist dafür ein typisches Beispiel.

In einigen Fällen, wo die von Juden erzählten Witze die Themen antisemitischer Witze aufgreifen, zum Beispiel die Geldgier oder die mangelnde Sauberkeit, tun sie dies mit einer Übertreibung, die die Dinge ins Absurde übersteigert. Letzten Endes läuft dies auf eine Verspottung der Antisemiten hinaus, allerdings auf indirekte Weise, was im Übrigen die Gefahr in sich birgt, dass dies von vielen Nichtjuden nicht verstanden wird. Aber die extreme Überspitzung der antisemitischen Witze ist nur ein Nebenaspekt des jüdischen Humors.

Was die Selbstironie betrifft, sollte man sich vor falschen Interpretationen hüten. In den meisten Fällen, wo sich jemand über sich selbst lustig macht, wie in den Witzen über die jüdischen Mütter oder über den jiddischen Akzent der Immigranten in den

Vereinigten Staaten oder in Frankreich, geschieht dies eher sanft, ja liebevoll.

Man wird mir vielleicht vorwerfen, dass ich das Wort «antisemitisch» gebraucht habe, um damit die von Nichtjuden erdachten «Judenwitze» zu charakterisieren. Schließlich gibt es ja auch Witze über Schotten, Auvergner, Marseillaiser, Korsen oder Belgier, und die Betroffenen lachen manchmal selbst darüber. Der Unterschied aber ist, dass der Antisemitismus, der zu Verfolgungen und Massakern geführt hat, durch die Verbreitung der «Judenwitze» noch gestärkt wurde.

Ziel dieses Buches, das sich gleichermaßen an Nichtjuden und Juden richtet, ist sicher zum Teil, Witze zu erzählen, um den Leser zum Lachen zu bringen, aber mehr noch, ihm verständlich zu machen, wie diese Witze entstanden sind und was sie bedeuten. Wird er aus seinem Kontext herausgelöst, kann der gelungenste Witz uninteressant oder sogar unverständlich werden.

So muss man zum Beispiel wissen, wie sehr die deutschen Juden im 19. Jahrhundert bestrebt waren, sich völlig in ihr Land zu integrieren, um die Welle von Konfessionswechseln und Namensänderungen und in der Folge die Witze zu verstehen, die sich über die Konvertiten mokierten. Ebenso muss man die wirtschaftliche Lage in den ersten Jahren des Staates Israel kennen, um gewisse Witze zu begreifen, die jeden Sinn verlieren, wenn nicht deutlich wird, dass sie diese Zeit betreffen. Und wie könnte man die vielfältigen Aspekte des jiddischen Humors im Russland des 19. Jahrhunderts würdigen, ohne eine Ahnung von dem Elend zu haben, in dem die große Mehrheit der Juden zu jener Zeit lebte?

Das ist auch der Grund, weshalb die meisten der in diesem Buch vorgestellten Witze nach Ländern und Epochen geordnet sind, wobei jedes Mal das Leben der jüdischen Gemeinschaften, ihre Probleme und ihre Bestrebungen beschrieben werden.

Bestimmte Themen jedoch, wie das der jüdischen Mütter, fügen sich schwer in diesen Rahmen ein, weshalb ihnen ein eigenes Kapitel gewidmet ist.

Eine sehr heikle Angelegenheit war die Wahl der zu erzählenden Witze. Es galt, eine strenge Auswahl zu treffen – die natürlich nicht ganz der Willkür entbehrt – aus einem außerordentlich reichen Korpus. Die hier vorgestellten Witze wurden nach mehreren Kriterien ausgesucht. An erster Stelle war dies natürlich ihr typisch jüdischer Charakter, was manchmal eine Frage der persönlichen Einschätzung ist.

Dann auch die Überlegung, ob man denjenigen Witzen den Vorzug geben sollte, die einen am meisten zum Lachen bringen, da dies ja das Ziel des Humors ist. Doch so einfach liegen die Dinge nicht. Jüdischer Humor ist oft «lachen, um nicht zu weinen». Manche Witze können sehr jüdisch sein, ohne schallendes Gelächter auszulösen. Dennoch wurden einige Witze vor allem deshalb ausgewählt, weil sie einfach sehr lustig sind.

Ein weiteres Problem bestand darin, Witze so knapp wie möglich zu erzählen. Oft ist nur der letzte Satz von Interesse. Warum also sollte man eine ganze Seite füllen, um zu diesem letzten Satz zu gelangen, wenn doch einige wenige Zeilen genügten? Was für einen mündlich erzählten Witz annehmbar ist, gilt nicht unbedingt für einen geschriebenen Text. Ich habe also die Witze so weit wie möglich gekürzt, wo sie es erlaubten.

Des Weiteren stand ich, was die Auswahl der Witze betraf, vor folgendem Problem: Sollte ich, in Anbetracht des Anliegens dieses Buches, den bekanntesten Witzen den Vorzug geben, den «Klassikern des jüdischen Humors», oder, im Gegenteil, den etwas weniger oder gar nicht bekannten Witzen?

Ich entschied mich, die beiden Optionen miteinander zu verbinden. Nachdem ich das Buch beendet hatte, stellte ich fest, dass die weniger bekannten oder gänzlich unbekannten Witze einen bedeutenden Platz darin einnehmen.

Bei einigen Witzen habe ich angemerkt, dass sie in mehreren Versionen existieren. Aber das trifft sicherlich auch auf viele andere Witze zu, von denen ich nur die eine Fassung kenne. Und wenn ich einen Witz ein einziges Mal in einem bestimmten Werk ausfindig gemacht habe, beweist das keinesfalls, dass der Autor dieses Werkes auch tatsächlich der Schöpfer des Witzes ist. Es ist mir mehrfach passiert, dass ich in einem Buch einen Witz entdeckte, der dort seinen Ursprung zu haben schien und den ich dann zufällig in einem viel älteren Werk wiederfand. Es muss also, außer in einigen besonderen Fällen, darauf verzichtet werden, die Autorschaft des einen oder anderen Witzes zu bestimmen, zumal derjenige, der den Witz als Erster aufschrieb, womöglich nur etwas reproduzierte, was er irgendwo gehört hatte.

Was die Quellen anbetrifft, sind sie sehr zahlreich: die unzähligen Bücher über jüdischen Humor, die auf Französisch, Englisch, Deutsch und Hebräisch verfasst wurden (ich habe sie nicht alle gelesen!); die Autoren von Romanen in jiddischer Sprache, von denen ich eher die «geistige Haltung» als konkrete Witze übernommen habe; dann die Witze, die ich selbst gehört habe, unter anderem die, die mein Vater erzählte; und schließlich habe ich auch einige wahre Begebenheiten angeführt.

Mischung der Traditionen

Viele Witze finden sich in verschiedenen Traditionen wieder, in jüdischen (aschkenasischen, jüdisch-spanischen, jüdisch-arabischen, arabischen und in vielen anderen Regionen der Welt) wie nichtjüdischen. Hier einige charakteristische Beispiele:

Die Geschichte von dem Mann, der seinem Esel immer weniger zu fressen gab (siehe S. 14), wurde in Frankreich in einer Gegend der Freigrafschaft Burgund erzählt. In dieser Gegend standen die Einwohner eines Dorfes, wie die der Stadt Helm (siehe S. 22), im Ruf, geistig beschränkt zu sein.

Der Witz mit dem Titel «Der Lehnsherr, der Jude und der Esel» (siehe S. 32) erschien mir typisch jüdisch. Dennoch findet sich eine ganz ähnliche Geschichte in einer Fabel von La Fontaine, wenn auch das Thema nicht genau dasselbe ist: Es handelt sich um einen Scharlatan, der einem König gegen Entgelt versprach, dass es ihm gelingen würde, innerhalb von zehn Jahren einem Esel das Sprechen beizubringen, und bereit war, sich hinrichten zu lassen, falls er sein Versprechen nicht halten würde. Ein Teil des letzten Satzes ist fast identisch: «Bevor die Sache gelingt, wird einer von uns, der König, der Esel oder ich, sterben.»

Aber das letzte Beispiel ist doch am schönsten: wenn man nämlich einen Witz, der scheinbar der jiddischen Tradition angehörte, in der Predigt eines französischen Priesters aus dem Mittelalter wiederfindet (siehe S. 29)! In der katholischen Fassung handelt es sich nicht um einen Mann, dem das Pferd durchgeht, sondern um eine Frau, die ihrem Mann, der im Sterben liegt, verspricht, ihren Ochsen zu verkaufen und das Geld an die Armen zu geben, damit sie für das Seelenheil des Verstorbenen beten. Als es so weit ist, geht sie mit dem Ochsen und einem Hahn auf den Markt und verkündet, dass sie nur beide zusammen verkaufen werde: Der Ochse kostet zwölf Heller und der Hahn zwölf Gulden. Sie verteilt also die zwölf Heller unter den Armen und behält die zwölf Gulden für sich.

Der Prediger erzählt diesen Witz, der in *L'humour en chaire. Le rire dans l'Église médiévale* (von Jeannine Horowitz und Sophia Menache) publiziert ist, um auf lustige Weise zu zeigen, dass man für sein Seelenheil selbst zu sorgen hat und sich auf niemand anderen verlassen sollte.

Nachdem ich diese Beispiele angeführt habe, möchte ich noch darauf verweisen, dass ich keinen Witz, der mir wirklich der jüdischen Tradition anzugehören scheint, ausgesondert oder beiseitegelassen habe, auch wenn er in nichtjüdischen Fassungen existiert.

Kapitel I

Russland

I. Im zaristischen Russland des 19. Jahrhunderts

Zu jener Zeit waren die meisten Juden Russlands in einer «Residenzzone» zusammengepfercht, die einen Teil Litauens, Polens und der Ukraine umfasste und die sie nicht verlassen durften. Nur einer geringen Anzahl von Juden war es gestattet, in Städten zu leben, die außerhalb dieser Zone lagen. Innerhalb der Zone wohnte ein Großteil der Juden in kleinen und mittleren Städten, wo sie oft einen hohen Anteil, ja sogar die Mehrheit der Bevölkerung stellten, etwa in Berdytschiw in der Ukraine.

Die wesentlichen Aspekte, die das Leben dieser jüdischen Gemeinschaften kennzeichneten, waren die Armut der meisten Menschen, der fast ausschließliche Gebrauch des Jiddischen – das viel mehr als nur eine Sprache war –, die einflussreiche Rolle der Religion und die antisemitischen Verfolgungen.

Sicher gab es auch Reiche, und zwar solche, die nur im Vergleich zu den Übrigen reich waren, und solche, die man als «echte Reiche» bezeichnen konnte. Letztere waren wahrscheinlich zahlreicher unter denjenigen Juden vertreten, die das Recht hatten, in den Städten außerhalb der «Zone» zu leben.

1. Die Armut. Die Armut war das Los der allermeisten Bewohner Russlands, doch besonders hart traf sie die jüdischen Gemeinschaften, die in sich zurückgezogen lebten. Unter ihnen waren viele Handwerker, vor allem Tischler, Zimmerer, Schneider und Schuster. Sie arbeiteten für arme Leute und verdienten nur notdürftig ihren Lebensunterhalt. Es gab auch viele Kaufleute, von

denen die meisten ein ebenso ärmliches Dasein fristeten wie die Handwerker. Einige waren sogar noch ärmer: diejenigen, die keinen festen Beruf hatten und sich mühsam über Wasser hielten, indem sie irgendwelche Dinge auf der Straße verkauften, zum Beispiel lose Zigaretten.

In dieser kleinen, engen Welt wurden Männer, die einen Bauch hatten, geachtet und beneidet, denn es war der Beweis, dass sie genug zu essen hatten.

Man braucht sich nur daran zu erinnern, dass ein Huhn früher ein Luxusgericht war, um dieses Sprichwort zu verstehen:

– Wenn ein Armer ein Huhn isst, muss einer der beiden krank gewesen sein.

In einem auf Jiddisch geschriebenen Roman findet sich folgende Szene:

– In einem Zimmer, in dem sich mehrere Personen aufhalten, zeigt einer eine Orange herum, die er weiß Gott woher hat. Alle bestaunen diese Frucht, die keiner von ihnen je zuvor gesehen hat. Und eine Frau ruft: «Wenn ich Rothschild wäre, würde ich jeden Tag eine halbe Orange essen.»

Der folgende Witz kann ebenfalls unter dem Aspekt der Armut gesehen werden. Aber er stellt uns vor das Problem der Überlagerung mehrerer Traditionen (siehe S. 11).

– Ein Jude hatte einen Esel, aber er fand, dass das Futter für ihn zu teuer war. Also beschloss er, ihm etwas weniger zu fressen zu geben. Alles verlief bestens: Der Esel arbeitete genauso gut wie zuvor. Und so verringerte er abermals die Ration. Nach dem erneuten Erfolg dieser Operation schränkte er weiterhin Schritt für Schritt die Verpflegung seines Esels ein, bis dieser kaum noch etwas zu fressen bekam. Eines schönen Tages starb der Esel, und der Jude rief verzweifelt: «Welch ein Pech! Ausgerechnet jetzt, wo er sich schon daran gewöhnt hatte!»

Der folgende Witz hat ebenfalls mit Armut zu tun, aber er ist vor allem eine Spitze gegen bestimmte Reiche.

– Ein Mann sucht den Rabbi auf, um ihn von der Lage einer sehr armen Witwe in Kenntnis zu setzen, die unbedingt Hilfe benötige, weil sie ihre Miete nicht mehr bezahlen könne, und der deshalb in den kommenden Tagen die Vertreibung aus ihrer Wohnung drohe.

Der Rabbi ist ergriffen, verspricht, sofort die Mitglieder seiner Gemeinde zu verständigen, und gibt seinem Besucher schon einmal selbst Geld für diese Frau. Gleichzeitig fragt er ihn, wie er von ihrer so schwierigen Lage erfahren habe, und erfährt, dass dieser ... ihr Vermieter ist.

– Hier eine wahre Begebenheit, in der es um die beiden Themen Armut und Religion geht: Eine Frau merkte einmal, dass der Topf, in dem sie eine Fleischbrühe kochte, zuvor Milchprodukte enthalten hatte, eine nach den Regeln der jüdischen Religion verbotene Vermengung von Lebensmitteln. Sie schickte also eines ihrer Kinder zum Rabbi, um ihn zu fragen, was sie tun solle.

Der Junge ahnte schon, was der Rabbi sagen würde, aber er wollte auf keinen Fall auf seine Fleischbrühe verzichten, ein wahres Festmahl für eine so arme Familie, in der Kinder und Erwachsene nie genug zu essen hatten. Er ging also eine Weile durch die Stadt, um seine Mutter glauben zu machen, dass er beim Rabbi gewesen sei, und erzählte bei seiner Rückkehr, um keinen Verdacht zu erregen, der Rabbi habe erklärt, dass man die Brühe essen dürfe, aber den Topf wegwerfen müsse.

2. Das Jiddische.   Das Jiddische, die einzige Sprache, die die Juden zur damaligen Zeit sprachen (wenn man vom Bürgertum der Großstädte absieht, das es verachtete und nur Russisch sprach), basiert auf dem Deutschen, enthält aber Verballhornungen hebräischer Wörter und Anleihen aus dem Russischen beziehungsweise aus dem Englischen im amerikanischen Jiddisch.

Man muss mit dieser Sprache vertraut sein, um ihren ganzen Nuancenreichtum erfassen zu können. Aber selbst in der Übersetzung bewahrt das Jiddische noch einen Teil davon. Als Beispiel seien hier einige Verwünschungen angeführt, eine kleine Auswahl aus einer ungeheuer reichen Überlieferung.

– Wie eine Zwiebel sollst du wachsen, den Kopf in der Erde.

Wie eine Lampe sollst du sein, am Tag aufgehängt und nachts brennend.

All deine Zähne sollst du verlieren, außer einen, damit du noch Zahnschmerzen haben kannst.

Einen Regenschirm sollst du verschlucken, der sich in deinem Bauch aufspannt.

Wie ein Kalender sollst du sein, damit man jeden Tag etwas von dir abreißt.

Du sollst den Schlaf verlieren und dich auf die Suche nach ihm machen, damit du auch noch den Verstand verlierst.

Du sollst die Hand aufhalten, und nichts weiter als deine Tränen sollen hineinfallen.

Man sollte den Sinn dieser Verwünschungen nicht missverstehen. Ihre Übertriebenheit zeigt schon an, dass man das niemandem wünscht. Der Beweis dafür ist, dass manchmal sogar Mütter so etwas zu ihren Kindern sagen.

Dem Register der Verwünschungen und demselben Tonfall lässt sich auch der folgende Witz zuordnen.

– Ein Mann stirbt, während er mit Freunden im Café Karten spielt. Wie soll man nun diese Nachricht seiner Frau überbringen? Einer der Spieler erklärt sich bereit, diese Aufgabe zu übernehmen, und sucht die Frau auf.

«Ich komme im Auftrag Ihres Mannes», sagt er.

«Ich nehme an, er sitzt gerade wieder beim Kartenspiel im Café», antwortet die Frau.

«Ja, genau so ist es.»

«Und wahrscheinlich hat er Geld verloren?»

«Ja, das hat er.»

«Vielleicht sogar viel Geld?»

«Ich glaube, eine ganze Menge.»

«Der Schlag soll ihn treffen, und er soll tot umfallen!», schreit die Frau.

«Gott hat Sie erhört», erwidert der Mann.

Hier sind noch zwei andere Witze, die typisch für den jiddischen Humor sind. Den ersten habe ich in einer veränderten nichtjüdischen Fassung gefunden, aber es handelt sich dabei ganz gewiss ursprünglich um jüdischen Humor.

– Ein armer Jude kommt an einem Zirkus vorbei. Der Zirkusdirektor sieht ihn und ruft ihn zu sich. «Willst du dir ein bisschen Geld verdienen?» – «Ja, sicher», antwortet der Jude. – «Also: Mein Löwe ist gerade gestorben, und ich brauche unbedingt einen Löwen für die nächsten Abende. Ich habe das Fell des toten Löwen aufbewahrt. Du schlüpfst hinein und spielst den Löwen im Käfig.» Der Jude akzeptiert. Die Proben verlaufen überzeugend: Er lernt ganz ordentlich zu brüllen. Am Abend der Vorstellung betritt der Jude den Käfig, und weder seine Bewegungen noch seine Stimme lassen den leisesten Verdacht aufkommen, dass es sich nicht um einen echten Löwen handeln könnte. Nach ihm kommt ein Bär in den Käfig, und alles geht weiter wie gehabt. Dann stürmt ein prächtiger Tiger in den Käfig. Völlig verängstigt bäumt sich der Löwe auf und beginnt auf Jiddisch zu heulen: «Schma Jisrael» *(ein Ausdruck, der den Anfang eines täglichen Gebets bildet und den auch jeder Jude ausruft, wenn er sich in Lebensgefahr befindet).* Daraufhin wendet sich der Tiger zu dem Bären um und sagt zu ihm, ebenfalls auf Jiddisch: «Sieh einer an, der Löwe ist auch Jude!»

Bei dem nachfolgenden Witz handelt es sich angeblich um eine wahre Begebenheit.

– Ein Jude, der in einem Dorf wohnt, kommt zum ersten Mal in die Stadt. Er nutzt die Gelegenheit, um an einem Abend ins Theater zu gehen. Als er nach Hause zurückkehrt, fragen ihn alle, wie es im Theater gewesen sei. Er verzieht verächtlich den Mund und erzählt: «Ja, ich war im ‹Trehater›. Auf der Bühne ist ein großes Laken *(der Vorhang natürlich).* Das Laken geht hoch, und man sieht einen Mann und eine Frau. Wenn er will, will sie nicht. Wenn sie will, will er nicht. Und wenn sie beide wollen und es interessant werden könnte, geht das Laken wieder runter.»

Es existiert eine Zusammenfassung von *El Cid* in Alexandrinerform («Qu'il est joli garçon l'assassin de Papa!»).[*] Ist der vorangegangene Bericht nicht auch eine treffende Zusammenfassung vieler Theaterstücke?

3. Pittoreske Gestalten. In der Gesellschaft des «Schtetls» («Kleinstadt» auf Jiddisch) haben einige Gestalten ganz besonders zu Witzen inspiriert.

A) Der «Melamed», religiöser Lehrer für Kinder. Die Rolle des Melameds beschränkte sich im Wesentlichen darauf, den Kindern das Lesen auf Hebräisch beizubringen, damit sie die Gebete rezitieren konnten, wenn ihnen auch der Sinn der Texte weitgehend unverständlich blieb (immerhin vermittelte er den Ältesten der Klasse Grundkenntnisse in Hebräisch). Er wurde für diese Arbeit sehr schlecht bezahlt und gehörte zu den Ärmsten in der Gemeinschaft, weshalb er auch nicht sehr geachtet war.

Hier einige Witze über den Melamed.

– Ein Melamed sagte: «Wäre ich Rothschild, wäre ich reicher als er, weil ich obendrein Privatstunden geben würde.»

Folgender Witz ist berühmt. Er ist typisch für die geringe Anerkennung und für die Intelligenz dieser Figur.

– In einer Klasse fragt ein Kind den Lehrer: «Melamed, warum heißen Makkaroni Makkaroni?» Der Melamed antwortet: «Das ist ganz einfach. Nimm mal ein paar Makkaroni in die Hand: Sie haben die Form von Makkaroni und die Farbe von Makkaroni. Steck sie in den Mund: Sie schmecken nach Makkaroni. Also, warum sollten sie dann nicht Makkaroni heißen?»

---

[*] «Was für ein hübscher Junge, der Mörder von Papa»: letzte Zeile des parodistischen Sonetts «Le Cid» von Georges Fourest. *Anm. d. Ü.*

Hier ein weiterer Witz derselben Art.

– Ein Schüler fragt: «Warum bewegt ein Hund den Schwanz hin und her, wenn er sich freut?» Der Melamed antwortet: «Weil der Hund viel stärker ist als sein Schwanz. Wenn der Schwanz stärker wäre, würde er den Hund hin und her bewegen.»

B) Der Schnorrer, kein wirklicher Bettler. Der Schnorrer ist kein Bettler, der auf der Straße die Hand aufhält. Er ist eher ein Bittsteller, der andere Leute aufsucht, um materielle Hilfe von ihnen zu erbitten. Von den zahlreichen Witzen über den Schnorrer mag ich diesen hier am liebsten.

– Ein gutbürgerlicher Mann schenkt einem Schnorrer eine Hose. Er sagt zu ihm: «Sehen Sie sich mal diese Hose an, sie ist so gut wie neu.» Der Schnorrer antwortet: «Tun Sie mir noch einen Gefallen: Kaufen Sie mir diese Hose ab. Sehen Sie mal: Sie ist so gut wie neu.»

Aber auch den nachfolgenden Witz mag ich:

– Ein reicher Mann gab einem Schnorrer jeden Monat Geld. Einmal erklärte er ihm, dass er ihm nichts geben könne, weil er für seine Frau viel Geld habe ausgeben müssen. «Von meinem Geld?», erwiderte der Schnorrer empört.

Der folgende dritte Witz ist sehr bekannt.

– Ein Mann, der einem Schnorrer gerade Geld gegeben hat, trifft ihn eine Stunde später wieder, als dieser dabei ist, in einem Luxusrestaurant Kaviar zu speisen. Er äußert sich empört. Der Schnorrer antwortet: «Wenn ich kein Geld habe, kann ich keinen Kaviar essen. Und wenn ich welches habe, darf ich keinen essen. Also, wann kann ich denn mal Kaviar essen?»

Dieser Witz wird in einer ganz ähnlichen Fassung auch von Freud kommentiert (siehe S. 115).

C) Der «Schadchen», der Heiratsvermittler. Von der Figur des Schadchens wurde wohl die größte Anzahl von Witzen inspiriert. Liebesheiraten waren zu jener Zeit selten. Der Heiratsvermittler verdiente sich seinen Lebensunterhalt, indem er einem Vater einen Bräutigam für seine Tochter oder einem mehr oder weniger jungen Mann eine Braut vorschlug. Die junge Frau musste eine Mitgift mitbringen (daher die Sorgen des Milchmanns Tewje, Held eines auf Jiddisch geschriebenen Romans,* der sieben Töchter hatte). Um Erfolg zu haben, musste der Schadchen alles verschönern, die Qualitäten des Bräutigams, die der Braut und die Höhe der Aussteuer. Dafür tat er einfach alles, ohne sich groß um die Wahrheit zu scheren, und entwickelte bemerkenswerte Fähigkeiten, um seine Gesprächspartner zu überzeugen.

Das Problem der Aussteuer hat unter anderem folgenden Scherz inspiriert, der auch die allgemeine Bevorzugung männlicher Sprösslinge anspricht.

– «Was sollte man besser haben? Sechs Töchter oder sechs Millionen?»

«Sechs Millionen, natürlich!»

«Keineswegs. Wer sechs Millionen besitzt, will immer mehr, während jemand, der sechs Töchter hat, der Meinung ist, dass das mehr als genug sei.»

Hier noch einige Beispiele für Witze über den Heiratsvermittler, die meisten davon sind sehr bekannt.

– Sagt der Schadchen: «Ich habe einen Mann für deine Tochter.»

«Ach ja?»

«Den Sohn des Zaren.»

«Was? Dieser Goi,** dieser Trunkenbold! Kommt nicht infrage.»

Nach einer wortreichen Nacht, in deren Verlauf der Heiratsvermittler an die Königin Esther erinnert, die durch ihre Heirat das jüdische Volk rettete, willigt der Vater schließlich ein.

---

* Es handelt sich um den Roman *Tewje, der Milchmann* von Scholem Alejchem (deutsch von Armin Eidherr, Manesse, Zürich 2002), nach welchem das berühmte Musical *Anatevka* (engl. Originaltitel *Fiddler on the Roof*) entstand. *Anm. d. Ü.*
** Hebräisch: «Nichtjude». *Anm. d. Ü.*

Der Schadchen geht, wischt sich den Schweiß von der Stirn und sagt: «Uff! Die Hälfte der Arbeit wäre geschafft!»

Viele Heiratsvermittlerwitze drehen sich um die Höhe der Aussteuer der Braut.

– Ein junger Mann macht dem Schadchen bittere Vorwürfe: «Sie Schurke! Sie haben mich betrogen. Sie haben mir gesagt, dass das Mädchen hinke, dass sie einen schlechten Ruf habe, dass ihr Vater im Gefängnis gewesen sei und dass man ihr deshalb zweitausend Rubel mitgebe. Und nun hat sie nur zweihundert Rubel.»

«Schreien Sie doch nicht so! Was die Rubel betrifft, haben Sie ja recht. Aber ansonsten habe ich Ihnen die Wahrheit gesagt.»

Und schließlich zum Thema Überredungskünste wohl einer der besten Witze.

Ein Schadchen versucht, eine Heirat mit einem Jeschiwa*-Studenten zu vermitteln.

«Das Mädchen hat viele gute Eigenschaften, aber sie ist hässlich. Wenn ich sie heirate, werde ich mein Leben lang unglücklich sein», sagt der junge Mann.

«Ach was, überlegen Sie doch mal ein bisschen», sagt der Schadchen. «Tagsüber, solange Sie studieren, sehen Sie sie nicht. Wenn Sie abends nach Hause kommen, sehen Sie sie nicht an, weil Sie Ihre Suppe essen. Wenn Sie zu Bett gehen, sehen Sie sie nicht, weil es dunkel ist. Und während Sie schlafen, sehen Sie sie ja wohl auch nicht. In Ihrer freien Zeit schließlich werden Sie keine Lust haben, sie anzusehen, und lieber mit den Kindern spazieren gehen. Also, wann werden Sie sie überhaupt mal betrachten?»

Heiratsvermittlerwitze werden uns noch einmal im Kapitel VIII begegnen, auf den Seiten, die sich damit beschäftigen, wie Freud den jüdischen Humor analysiert.

---

* Talmudhochschule. *Anm. d. Verf.*

D) Der Schlemihl und der Schlimassel. Als Schlemihl bezeichnete man einen nicht sehr klugen, tollpatschigen Menschen, der ungewollt eine Dummheit nach der anderen begeht, und als Schlimassel (gebildet aus dem deutschen Wort «schlimm» und dem jiddischen «Massel», Verballhornung des hebräischen «mazel», das «Glück» bedeutet) einen Pechvogel, dem alle Arten von Missgeschicken widerfahren.

Der nachfolgende Satz liefert die beste Definition dieser beiden Begriffe:

– Ein Schlemihl ist derjenige, dem immer die Suppe überschwappt, und der Schlimassel derjenige, dem sie in den Kragen läuft.

4. Die traditionellen Fantasiegestalten.

Wie in den Folkloren vieler Gesellschaften gibt es auch in der der Juden des zaristischen Russlands eine Stadt (die Stadt Helm), deren Bewohner strohdumm sind, und einen Mann (Herschel Ostropoler), der um keine Antwort verlegen ist und es so richtig versteht, die anderen übers Ohr zu hauen.

A) Die Bewohner von Helm. Ein Jude geht mit einem anderen spazieren, der aus Helm kommt. Als es zu regnen anfängt, fragt er den Mann aus Helm, warum er nicht seinen Regenschirm aufspanne.

«Das würde gar nichts nutzen», antwortet der, «er ist voller Löcher.»

«Aber warum haben Sie ihn dann mitgenommen?»

«Weil ich nicht dachte, dass es regnen würde.»

Der zweite Witz ist ähnlich.

– Ein Bewohner von Helm schleppt sich zu Fuß unter der Last seines schweren Bündels auf der Landstraße dahin. Ein Bauer, der auf einem Wagen vorbeikommt, hat Mitleid mit ihm und lädt ihn ein, sich an seine Seite zu setzen. Der andere dankt ihm herzlich, setzt sich zu ihm auf den Wagen, behält aber sein Bündel auf der

Schulter. «Warum legen Sie es nicht auf den Boden?», fragt der Bauer. «Ihr Pferd hat schon genug damit zu tun, sich mit mir abzuschleppen, da will ich ihm wenigstens die Last meines Bündels ersparen.»

Am allerschönsten aber finde ich den folgenden Witz.

– Einige weise Bürger von Helm halten Rat, um zu entscheiden, was das Wichtigste für den Menschen sei: die Sonne oder der Mond. Die Meinungen gehen auseinander. Aber einer der Weisen erhält schließlich allgemeine Zustimmung, als er sagt: «Der Mond ist am nützlichsten, er scheint bei Nacht. Ohne ihn würde man nichts sehen. Die Sonne nützt gar nichts, sie scheint am Tag, wenn es hell ist.»

B) *Herschel Ostropoler (der tatsächlich gelebt hat, aber zur Legende wurde).* Von der folgenden Anekdote existieren mehrere Fassungen, die sich aber recht ähnlich sind.

– Herschel Ostropoler kommt eines Abends in eine Herberge und bittet um ein Essen. Da er sehr schlecht gekleidet ist, fragt ihn der Wirt zur Sicherheit, ob er auch Geld habe. Als dies verneint wird, weigert er sich, ihn zu bedienen. Daraufhin gerät Herschel in Wut, rennt in der Gaststube auf und ab und zetert: «Wenn man mir nichts zu essen bringt, werde ich das tun, was mein Vater unter denselben Umständen getan hat!» Nach einer Weile bekommt der Wirt es mit der Angst zu tun und entschließt sich, ihm doch eine Mahlzeit zu servieren. Als sein Gast mit dem Essen fertig ist, wagt er schließlich ihn zu fragen, was sein Vater in derselben Lage getan habe. «Er legte sich hungrig schlafen», antwortet Herschel Ostropoler.

Über seine Schlagfertigkeit wird Folgendes berichtet:

– Ein reicher Mann versprach ihm einen Rubel, wenn er, ohne einen Moment zu überlegen, fähig wäre, ihm eine Lüge aufzutischen.

Herschel antwortete, ohne zu zögern: «Einen Rubel? Eben sagten Sie doch zwei!»

Der nächste Witz stammt zwangsläufig aus dem 19. Jahrhundert, wie ich nachfolgend zeigen werde.

Eines Tages beschloss Herschel Ostropoler, seinen Lebensunterhalt im Antiquitätenhandel zu verdienen. Unter den Objekten, die er anbot, befand sich ein Bilderrahmen mit einer unbemalten Leinwand.

«Das ist ein sehr altes und berühmtes Gemälde», sagte er zu einem Passanten.

«Aber auf der Leinwand ist ja gar nichts zu sehen!»

«Der Eindruck täuscht. Ich werde es Ihnen erklären. Das Bild stellt die Durchquerung des Roten Meers dar und wurde zur Zeit Mose gemalt, darum ist es so wertvoll.»

«Aber wo sind denn die Israeliten auf diesem Bild?»

«Sie haben bereits das Meer durchquert.»

«Und die Ägypter?»

«Sie sind noch nicht eingetroffen.»

«Und das Wasser? Wo ist denn das Wasser?»

«Was, das wissen Sie nicht? Es hat sich zurückgezogen.»

Warum hätte so ein Witz heutzutage keinen Sinn? Weil sich heute niemand mehr über ein Bild wundert, auf dem nichts zu sehen ist. Das gehört ganz einfach zu den Aspekten der modernen Kunst.

5. Die Religion. Die Religion nahm, wie man sich denken kann, einen wichtigen Platz im Leben der jüdischen Gemeinschaften jener Zeit ein, und sie war auch nicht immer frei von Aberglauben. Unter den Juden im damaligen Russland herrschte vor allem eine allgemeine Angst vor dem «bösen Blick». Wenn jemand zu einer Frau sagte, dass ihr Kind hübsch sei, antwortete sie sofort mit einem jiddischen, auf einen hebräischen Ausdruck zurückgehenden Spruch, um den bösen Blick zu bannen. Bei den französischen jiddischsprachigen Juden der ersten Hälfte des 20. Jahrhunderts benutzten etliche, obwohl sie ihren Aberglauben aufgegeben hatten, aus Gewohnheit weiterhin diesen Spruch, und einige tun es bis heute.

A) Der Chassidismus. Die Bewegung des Chassidismus der ost-europäischen Juden wurde im 18. Jahrhundert gegründet und predigte unter anderem ein Judentum, das von Freude und Ge-sang erfüllt ist. Seine Anhänger glaubten auch an Wunder, die von einigen Rabbinern vollbracht wurden. Allerdings hatte diese Glaubensrichtung zahlreiche Gegner, sodass die Wunder häufig angezweifelt wurden, und nicht nur von den wenigen Ungläu-bigen.

a) Ein Freudengesang. Ein Chassid sang voller Freude: «Der Mensch ist aus Staub geworden und wird wieder zu Staub wer-den.» Als jemand anmerkte, dass er in diesem Satz eher einen Grund zur Trauer und keinen Grund zur Freude sehe, erwiderte der Chassid: «Wenn der Mensch aus Gold entstanden wäre und dann zu Staub würde, wäre das in der Tat ein Grund zur Trauer. Aber Staub am Anfang und Staub am Ende und zwischen beiden ein bisschen Schnaps *(den die Juden mochten)*, darüber kann man sich doch freuen.»

b) Die wundertätigen Rabbiner. Hier einige Witze, die von den Skeptikern erfunden wurden.

– Ein Mann erzählt ein Wunder seines Rabbis: «Er reiste mit anderen Leuten in einem offenen Wagen. Plötzlich fing es heftig an zu regnen, und sie hatten noch einen weiten Weg vor sich. Der Rabbi hob die Arme, sprach ein Gebet, und das Wunder geschah: Rechts vom Wagen regnete es, links regnete es auch, aber über dem Wagen fiel nicht ein Regentropfen.»

Darauf entgegnet der Skeptiker: «Ich kenne ein noch außer-gewöhnlicheres Wunder. Mein Rabbi reiste auch im Wagen. Die Stunde des Sabbats *(Samstag, Ruhetag, der am Freitagabend be-ginnt)* nahte, und bald sollte man an einen großen Wald gelangen. Man riskierte also, mitten im Wald haltmachen zu müssen und dort die Nacht und den ganzen nächsten Tag zu verbringen. Als nun der Wagen den Wald erreichte, vollbrachte mein Rabbi ein

Wunder: Er hob die Arme und sprach ein Gebet. Rechts und links vom Wagen und davor war Sabbat, aber unter dem Wagen war noch nicht Sabbat.»

Weiteres über Wunder:

– «Mein Rabbi spricht jede Woche mit Gott», sagt eine Frau zu ihrer Freundin.

«Das kann nicht sein. Er lügt!»

«Seit wann redet Gott mit Lügnern?», entgegnet die Frau.

Hier ein letzter Witz über wundertätige Rabbiner, der einen Skeptiker einem Chassiden gegenüberstellt.

– Ein Chassid berichtet von einem Wunder seines Rabbis. «Unser Rabbi, der nicht schwimmen kann, fiel einmal ins Wasser. Er hatte zwei Heringe in seiner Manteltasche. Er nahm sie heraus, und sie wurden wieder lebendig. Er hielt sich an ihnen fest und konnte so das rettende Ufer erreichen.»

«Ich glaube dir nicht. Das kannst du nicht beweisen.»

«Doch, ich habe den Beweis: Der Rabbi lebt.»

Aber man kann auch mit dem Sinn des Wortes «Wunder» spielen.

– Zwei Frauen reden über ihren Rabbi. «Hat deiner in letzter Zeit Wunder vollbracht?», fragt die eine.

«Das hängt ganz davon ab, was man unter einem Wunder versteht», antwortet die andere und fügt hinzu: «Kann man von einem Wunder sprechen, wenn Gott tut, worum ihn der Rabbi bittet?»

«Natürlich!»

«Bei uns ist es das Gegenteil. Es ist ein Wunder, wenn der Rabbi das tut, worum Gott ihn bittet.»

B) Urteile und Ratschläge der Rabbiner. Wenn in einer armen Familie ein Kind erkrankte, ging man, da es an Geld für einen Arzt fehlte, oft zum Rabbi, um ihn um Rat zu fragen.

– Eine Frau geht zum Rabbi, weil ihr Kind Durchfall hat. «Rezitiere die Psalmen», rät ihr der Rabbi. Das tut die Frau, und ihr Kind wird gesund. Einige Zeit später sucht sie wieder den Rabbi auf, weil ihr Kind dieses Mal an Verstopfung leidet. «Rezitiere die Psalmen», sagt der Rabbi zu ihr. Verwundert erwidert die Frau: «Aber die Psalmen sind doch gegen Durchfall!»

Der folgende Witz ist sehr bekannt. Ich neige zu der Vermutung, dass er von einem reichen Mann erfunden wurde, um die Armen zu überzeugen, dass sie mit ihrem Los zufrieden sein können.

– Eine Frau sucht den Rabbi auf. «Ich weiß nicht mehr, was ich tun soll», sagt sie, «ich lebe mit meinen Kindern zu sechst in einem kleinen Zimmer.»

«Hast du eine Ziege?», fragt der Rabbi.

«Ja.»

«Nimm sie mit in dein Zimmer.»

«Aber wie werden wir dann erst leben?»

«Tu, was ich dir sage.»

Die Frau gehorcht. Nach einer Weile kommt sie wieder zum Rabbi: «Mit der Ziege ist es unerträglich geworden. Das Leben ist die Hölle.»

«Setz die Ziege raus», sagt der Rabbi zu ihr.

Nach einer Woche kommt die Frau wieder und dankt dem Rabbi: «Wie wohl wir uns jetzt fühlen!»

Aber ist die nächste Geschichte nicht die schönste von allen?

– In einem Schtetl fand ein armer Mann eine Geldbörse mit fünfhundert Rubel. Nun hatte er in der Synagoge gehört, dass der reichste Mann der Stadt eine Börse verloren habe und dass er dem, der sie ihm wiederbringe, eine Belohnung von fünfzig Rubel auszahlen werde. Er begab sich also eiligst zu ihm und überreichte ihm die Geldbörse. Der reiche Mann zählte die fünfhundert Rubel nach und sagte zu dem ehrlichen Finder: «Ich sehe, dass Sie sich Ihre Belohnung schon genommen haben, denn in der Börse waren fünfhundertfünfzig Rubel.» Empört machte der arme Mann den Vorschlag, gemeinsam zum Rabbi zu gehen, damit dieser entscheide, wer recht habe. «Ich bin mir sicher, Sie sagen die

Wahrheit. Ein Mann wie Sie kann unmöglich lügen», sagte der Rabbi zu dem Reichen, was den Armen sprachlos machte. Doch unversehens streckte der Rabbi Letzterem die Börse entgegen. Diesmal war der Reiche sprachlos.

Der Rabbi begründete seine Entscheidung: «Dieser Mann lügt nicht. Wäre er unredlich, hätte er den gesamten Inhalt der Börse für sich behalten. Es ist also nicht Ihre Börse, die er gefunden hat, sondern die eines anderen. Er muss sie behalten, bis ihr Besitzer sich bei ihm meldet.»

Es wären noch viele andere Witze aus dieser Zeit über die Urteile und Ratschläge der Rabbiner anzuführen. Hier einige von ihnen. Der erste ist wohlbekannt.

– Zwei Männer, die sich nicht einigen können, beschließen, den Rabbi zu bitten, ihren Streit zu schlichten. Er hört sie einzeln an. Nachdem er den Ersten gehört hat, sagt er zu ihm: «Du hast recht.» Dann hört er den Zweiten an und sagt zu ihm ebenfalls: «Du hast recht.» Am Abend erzählt er die Angelegenheit seiner Frau, die daraufhin meint: «Aber sie konnten doch nicht beide recht haben.» – «Du hast recht», erwidert er.

Das Verhalten dieses Rabbiners verwundert. Verständlicher wird es in der von dem Nobelpreisträger für Physik Georges Charpak «überarbeiteten» Fassung, aus der die Frau des Rabbiners verschwunden ist. Dieser sagt dort: «Du hast recht» zu dem ersten Kläger und flüstert ihm danach ein paar Worte ins Ohr. Dann verfährt er ebenso mit dem zweiten Kläger, worauf beide ihren Streit beilegen. Es ist also zu vermuten, dass der Rabbi, da er niemanden verletzen will, nacheinander beiden Klägern recht gibt und hinzufügt, dass sich deswegen kein längerer Streit lohne, sodass sich jeder der beiden am Ende großherzig glaubt.

Eine Unzahl an Witzen über Rabbiner findet sich in der auf Hebräisch verfassten Sammlung jüdischen Humors von Alter Drujanow, der 1938 in Tel Aviv starb und in seinem mehrfach neu aufgelegten Buch mehr als dreitausend Anekdoten zusammengetragen hat. Hier ein Beispiel daraus.

– Ein Rabbiner, dessen Gesicht deutlich vom Alter gezeichnet ist, wird gefragt, wie alt er sei. Er antwortet: «Fragt man einen Händler, der dicht vor der Pleite steht, nach seiner Bilanz?»

Hier ein letzter Witz über das Urteil eines Rabbiners.

– In einer kleinen Gemeinde musste ein neuer Vorsänger für die Synagoge eingestellt werden. Aber die beiden Bewerber hatten jeweils einen großen Fehler: Der eine war ein Trunkenbold und der andere ein Schürzenjäger. «Wir müssen den Schürzenjäger nehmen», erklärte der Rabbi, ohne zu zögern. «Aber seine Sünde ist doch viel schlimmer als die des Trunkenbolds», gab man ihm zu bedenken. «Das stimmt. Aber mit der Zeit wird der Schürzenjäger immer weniger jagen, während der Trunkenbold immer mehr trinken wird.»

C) *Die Bittrufe um Gottes Hilfe.* Zahlreiche Witze betreffen diejenigen, die Gott um Hilfe anrufen und versprechen, Gutes zu tun, wenn sie errettet werden, ein Versprechen, das schnell vergessen wird, sobald die Gefahr vorüber ist. Hier zwei Beispiele.

Der erste Witz existiert in mehreren Fassungen.

Ein Jude kauft ein Pferd, das ihm plötzlich durchgeht. Seine Bemühungen, es zum Stehen zu bringen, sind vergeblich. Da bittet er Gott, sein Pferd anzuhalten, und verspricht, wenn Gott ihm zu Hilfe komme, sein Pferd wieder zu verkaufen und den gesamten Erlös den Armen zu geben. Das Pferd hält an, und am folgenden Tag steht der Jude mit seinem Pferd und einer Henne auf dem Markt.

«Ist dieses Pferd zu kaufen?», fragt jemand.

«Ja, aber unter der Bedingung, auch die Henne zu kaufen.»

«Und was sollen beide kosten?»

«Das Pferd fünfzig Kopeken und die Henne fünfzig Rubel.»

Und hier der zweite Witz.

– Eine alte Frau überquert einen Fluss auf einer wackeligen Brücke. Diese wankt dermaßen, dass sie Angst bekommt und ruft: «Gott, wenn du mich ohne Schaden ans andere Ufer gelangen lässt, spende ich fünf Rubel für die Armen.»

Die Brücke beruhigt sich, und die Frau sagt sich: «Fünf Rubel sind eine Menge Geld *(es war auch tatsächlich viel Geld für jemanden, der arm war)*. Ich werde fünf Kopeken spenden.» Plötzlich beginnt die Brücke, sie erneut durchzuschütteln. «War doch nur Spaß», sagt die Frau, zum Himmel emporblickend.

D) Die Konvertiten. Die Übertritte zum Christentum waren viel seltener in Russland als in Deutschland, aber einige Fälle gab es doch.

– Ein Mann antwortete auf die Frage, warum er konvertiert sei, entschlossen: «Aus Überzeugung.» Und fügte sogleich hinzu: «Weil ich überzeugt war, dass es für mich vorteilhafter sei, Professor an der Universität Sankt Petersburg zu sein statt Melamed in meinem Geburtsort.»

E) Rabbiner und Pfarrer. Die nachfolgende Anekdote spielt nicht in Russland, sondern in Galizien, jenem Gebiet der österreichisch-ungarischen Doppelmonarchie katholischen Glaubens, wo die Juden ebenso arm waren wie in Russland, der Antisemitismus hingegen weitaus schwächer, vor allem unter dem Kaiser Franz Joseph. Wenn ich sie hier zitiere, geschieht dies nicht nur, weil sie sehr witzig ist, sondern auch, weil sie ein Interpretationsproblem darstellt.

– Ein Rabbiner und ein Pfarrer schließen Freundschaft. Eines Tages lädt der Pfarrer den Rabbiner ein, verborgen an seiner Seite einer Beichte beizuwohnen.

Kommt eine Frau und sagt: «Pater, ich habe meinen Mann einmal betrogen.»

Der Pfarrer erwidert: «Du hast eine schwere Sünde begangen. Damit Gott dir vergibt, wirst du ein Vaterunser und ein Ave-Maria beten und zehn Kronen in den Opferstock zahlen.»

Zu einer zweiten Frau, die erklärt, ihren Mann zweimal betrogen zu haben, sagt der Pfarrer: «Du hast eine schwere Sünde begangen. Damit Gott dir vergibt, wirst du zwei Vaterunser und zwei Ave-Maria beten und zwanzig Kronen in den Opferstock zahlen.»

Mit einem Mal fühlt sich der Pfarrer unwohl und muss den Beichtstuhl verlassen. Er bittet den Rabbiner, der noch immer verborgen dort sitzt, ihn zu vertreten.

Kommt eine Frau, die erklärt: «Pater, ich habe meinen Mann einmal betrogen.» Der Rabbiner erwidert: «Du hast eine schwere Sünde begangen. Damit Gott dir vergibt, wirst du drei Vaterunser und drei Ave-Maria beten und dreißig Kronen in den Opferstock zahlen, und dann hast du das Recht, deinen Mann noch zweimal zu betrügen.»

Welcher Logik folgt der Rabbiner hier? Zunächst einmal stellt er fest, dass die Strafe proportional zur Schwere der Sünde ist. Vor allem aber: Wenn eine Sünde, selbst eine schwerwiegende, durch Beten und Spenden vergeben werden kann, warum sich dann nicht im Voraus vergeben lassen, indem man betet und Geld gibt, um danach die Sünde ruhigen Gewissens begehen zu können?

6. Der Antisemitismus. Die Witze, die sich auf den Antisemitismus beziehen, sind weniger zahlreich als die anderen – das Thema eignete sich kaum für Scherze. Man konnte sicherlich noch über den «kleinen, gewöhnlichen Antisemitismus» lachen, aber nicht über die Pogrome, die von Massakern begleitet wurden. Hier sind zwei Witze über den Antisemitismus der «ersteren Art».

– Ein Jude beschwert sich bei der Polizei, dass ein Kosak ihm sein Pferd gestohlen habe. «Ich habe es nicht gestohlen, ich habe es gefunden», versichert der Kosak dem Polizisten. «Aber ich saß drauf!», ruft der Jude aus. «Der Jude interessierte mich nicht», fügt der Kosak erklärend hinzu.

Der zweite Witz spielt in einer Großstadt, außerhalb der Residenzzone, wo nur ganz wenige Juden wohnen durften und wo die Polizei häufig Kontrollen durchführte.

– Zwei Juden gehen auf der Straße spazieren. Einer der beiden hat keine gültigen Papiere (er darf nicht in dieser Stadt wohnen).

Plötzlich sehen sie einen Polizisten herankommen. Derjenige, dessen Papiere in Ordnung sind, sagt zu seinem Freund: «Ich renne jetzt los, dann wird der Polizist mich verfolgen, und du kannst dich in Sicherheit bringen.»

Der Polizist holt den Flüchtigen ein und verlangt seine Papiere zu sehen. Erstaunt fragt er ihn: «Warum sind Sie denn weggerannt?» – «Ich bin nicht weggerannt», antwortet der Jude, «mein Arzt hat mir verordnet, nach jeder Mahlzeit einen Kilometer zu laufen.» – «Aber Sie haben doch bemerkt, dass ich hinter Ihnen hergerannt bin», fügt der Polizist hinzu. Und prompt kommt die Antwort: «Ich dachte, Ihr Arzt habe Ihnen das Gleiche verordnet wie mir.»

An dieser Stelle ist endlich der Witz zu platzieren, der mir als einer der jüdischsten aller jüdischen Witze erscheint. Er bringt in der Tat auf bewundernswerte Weise den Optimismus zum Ausdruck, der gemeinsam mit der Hoffnung auf die baldige Ankunft des Messias den Juden ermöglicht hat, jahrtausendelange Verfolgungen zu ertragen. Er trägt den Titel «Der Lehnsherr, der Jude und der Esel» und existiert in verschiedenen Fassungen.

– In einem Dorf in Russland ruft der Lehnsherr die Honoratioren der jüdischen Gemeinschaft zu sich und sagt zu ihnen: «Ihr Juden haltet euch doch für schlau? Gut, dann könnt ihr es mir jetzt mal beweisen. Hier, seht euch diesen Esel an. Ich gebe euch zwei Tage Zeit, um ihm das Sprechen beizubringen. Wenn er in zwei Tagen nicht sprechen kann, werdet ihr alle gehängt.»

Allgemeine Niedergeschlagenheit unter den Honoratioren. Sie diskutieren und debattieren, ohne eine Lösung zu finden. Da kommt der Synagogendiener und macht den Vorschlag, selbst den Lehnsherrn aufzusuchen. Alle belächeln ihn: «Du, der Synagogendiener, wirst uns erretten?»

Aber auch die folgenden Diskussionen bringen nichts Neues, und da sie keine andere Lösung sehen, nehmen die Honoratioren schließlich den Vorschlag des Synagogendieners an.

Einige Stunden warten alle voller Ungeduld auf seine Rück-kehr. Endlich erscheint der Synagogendiener mit einem breiten Schmunzeln auf den Lippen. «Na, was ist?», fragt man ihn ängst-lich. «Ich habe alles geregelt», verkündet er triumphierend. «Ich konnte den Lehnsherrn überzeugen, dass es sehr schwierig ist, einen Esel das Sprechen zu lehren. Er gewährt uns jetzt fünf Jahre, um es zu schaffen.» – «Das ist alles, was du erreicht hast?», schreien die Honoratioren. «In fünf Jahren werden wir dann trotzdem gehängt!» Worauf der Synagogendiener erwidert: «Denkt doch nur daran, was in fünf Jahren alles passieren kann! Der Esel kann sterben, der Lehnsherr kann sterben, und, wer weiß, vielleicht lernt der Esel bis dahin das Sprechen!»

7. Aspekte des Gesellschaftslebens. *A) Beim Richter.* Das Verhält-nis zu den Behörden – zumal wenn man vor einen Richter zitiert wurde – war für die Juden Russlands oft ein Grund zur Sorge. Es ist also nicht verwunderlich, dass mehrere Witze sich auf dieses Thema beziehen, selbst wenn in einigen Fällen der Humor keine Spuren von Sorge erkennen lässt. Hier zwei Beispiele.

– Einem Zeugen werden die klassischen Fragen gestellt:

«Name und Vorname?»

«Finkelstein, Moshé.»

«Adresse?»

«Ich wohne in Berdytschiw *(Stadt in der Ukraine mit einer mehrheitlich jüdischen Bevölkerung).*»

«Beruf?»

«Altkleiderhändler.»

«Konfession?»

«Herr Richter, ich sagte Ihnen doch gerade, ich heiße Moshé Finkelstein, ich wohne in Berdytschiw und bin Altkleiderhändler, und Sie fragen mich nach meiner Konfession!»

Der folgende Witz über den Schofar ist weithin bekannt, aber der letzte Satz entfaltet seinen ganzen Charme erst, wenn er auf Jiddisch erzählt wird (der Schofar, ein Widderhorn, das der Priester anlässlich des jüdischen Neujahrsfestes und an Jom Kippur*, dem jüdischen Versöhnungstag, bläst, ist ein typisch jüdisches Musikinstrument).

– Im Verlauf eines Prozesses fragt der Richter einen jüdischen Zeugen:

«Können Sie mir sagen, wann sich dieser Vorfall ereignet hat?»

«Natürlich, Herr Richter, es geschah genau in dem Moment, als der Schofar erklang.»

«Was ist denn ein Schofar?»

Erstaunt erwidert der Jude: «Ein Schofar ist ein Schofar!»

Der Richter wiederholt seine Frage, erhält aber keinen weiteren Aufschluss von dem Zeugen. Schließlich droht er ihm verärgert: «Wenn Sie mir nicht augenblicklich erklären, was ein Schofar ist, lasse ich Sie ins Gefängnis stecken.»

Der Jude bekommt Angst und antwortet: «Ein Schofar ist eine Trompete.»

«Gut», sagt der Richter, «aber warum haben Sie mir nicht schon eher gesagt, dass ein Schofar eine Trompete ist?»

«Weil es keine Trompete ist!»

B) Redegewandtheit. Hier nun zwei sehr unterschiedliche Witze, deren Gemeinsamkeiten darin bestehen, dass jemandem ein Rat gegeben wird und dass sie das erste Mal ganz offensichtlich auf Jiddisch erzählt wurden.

– Einem jungen Mann, einem Jeschiwa-Studenten, der also wenig Kenntnisse im Umgang mit Mädchen besitzt, werden Ratschläge erteilt, wie er sich an ein junges Mädchen zu wenden habe, wenn es bei Tisch neben ihm sitzt.

«Die jungen jüdischen Mädchen interessieren sich als Erstes für die Familie, dann fürs Kochen und schließlich für die Philosophie.»

---

* Die Große Versöhnung, der wichtigste Festtag in der jüdischen Religion. *Anm. d. Verf.*

Wenig später sitzt er bei einem Abendessen neben einem Mädchen. Die erhaltenen Ratschläge befolgend, knüpft er ein Gespräch an, indem er mit dem Thema Familie beginnt:

«Haben Sie einen Bruder?» – «Nein.» Pech gehabt, versuchen wir's mit dem Kochen.

«Mögen Sie Nudeln?» – «Nein.»

Nun bleibt nur noch die Philosophie: «Und wenn Sie einen Bruder hätten, würde er Nudeln mögen?»

Hier der zweite Witz.

– Schloime geht am Fluss spazieren, als er plötzlich einen Mann erblickt, der verzweifelt wirkt und offenbar ins Wasser springen will.

«Warten Sie! Was machen Sie da?», ruft er ihm zu.

«Ich bin des Lebens müde und möchte lieber sterben», erklärt der Mann.

Schloime wendet sich daraufhin mit folgenden Worten an ihn: «Es kommt mir nicht zu, über Ihre Absichten zu urteilen. Aber überlegen Sie doch einen Moment. Wenn Sie ins Wasser springen, werde ich hinterherspringen müssen, um zu versuchen, Sie zu retten. Aber da ich nicht schwimmen kann, werde ich ertrinken. Was wird dann aus meiner Frau und meinen Kindern? Wollen Sie das auf dem Gewissen haben? Sicher nicht. Also, seien Sie ein guter Jude: Gehen Sie nach Hause, und heute Abend, wenn Sie allein sind, hängen Sie sich auf.»

C) *Noch einige andere Witze.* Hier zum Abschluss einige Witze, die es wirklich wert sind, erzählt zu werden, aber nur schwer in den vorangegangenen Abschnitten unterzubringen waren.

Der Witz mit dem Telegramm ist wohlbekannt. Es existieren auch nichtjüdische Fassungen.

– Da sein Sohn heiratet, beschließt Shmuel, ein Telegramm an seinen Bruder zu schicken. Er schreibt die Adresse und den folgenden Text: «Komm morgen zur Hochzeit meines Sohns. Dein Bruder Shmuel.» Als ihm plötzlich bewusst wird, wie teuer ein

Telegramm ist, macht er sich daran, es etwas zu kürzen. Eigentlich ist «Komm» nicht notwendig: Er sendet ja seinem Bruder kein Telegramm, um ihn zu bitten, bei dieser Gelegenheit zu Hause zu bleiben. Zudem hat er nur ein Kind, und nur dieses kann heiraten. Übrig bleibt also: «Morgen Hochzeit. Dein Bruder Shmuel.» Aber wozu überhaupt die Hochzeit nennen? Im Alter seines Sohnes kann es sich nicht um die Beschneidung, sondern nur um die Hochzeit handeln! Und wozu «morgen»? Wäre es keine dringende Angelegenheit, würde er doch kein Telegramm schicken. «Dein Bruder Shmuel» ist genauso unnötig: Er hat ja nur einen Bruder, und das ist zwangsläufig er, Shmuel, der ihm schreiben kann, um ihm eine Hochzeit anzukündigen.

Und was die Adresse anbelangt, wozu soll man sie schreiben, wenn es gar keinen Text mehr gibt? Shmuel macht sich also auf den Weg zur Post, um am Telegrammschalter ein leeres Blatt abzugeben.

Der nächste Witz würde in die Kategorie «die Kunst der Logik» passen.

Der Nachtwächter einer Kleinstadt legt sich in einem dunklen Winkel nieder und schließt die Augen. Als er sie einen Moment öffnet, sieht er ein Licht. Er schließt die Augen wieder und überlegt: «Meine Lampe ist es nicht, die habe ich gelöscht. Die Laterne vom Marktplatz kann es auch nicht sein, die löschen wir um elf Uhr. Ist es der Mond? Nein, heute ist Neumond. Kann es ein Gestirn sein?» Er betastet den Boden und merkt, dass er feucht ist: «Nein, denn es regnet.»

Daraufhin brüllt er: «Feuer!»

Bei dem folgenden Witz, der durchaus antisemitische Züge trägt, bin ich mir nicht sicher, ob er von einem Juden erdacht wurde. Ich zitiere ihn dennoch, aber mit einem Fragezeichen, was seinen Ursprung betrifft.

– Ein armer Bauer kommt zu einem Juden, um Geld von ihm zu leihen.

«Wie viel willst du?»

«Fünfzig Rubel.»

«Gut, aber ich kenne dich nicht. Lass mir deinen pelzgefütterten Mantel als Pfand.»

«Ist in Ordnung», sagt der Bauer.

«Für wie lange soll ich dir dieses Geld leihen?»

«Für fünf Jahre.»

«Ich nehme zwanzig Prozent Zinsen pro Jahr.»

«Ist in Ordnung.»

«Die Zinsen sind im Voraus zu zahlen.»

«Ist in Ordnung.»

Abgemacht. Der Bauer geht, und plötzlich merkt er: Ich habe meine fünfzig Rubel nicht bekommen. Er hat meinen pelzgefütterten Mantel. Ich schulde ihm fünfzig Rubel. Und obendrein ist er im Recht!

II. Die UdSSR und das heutige Russland

1. Der Antisemitismus. Die sowjetische Revolution hat den Antisemitismus nicht zum Verschwinden gebracht, obwohl er offiziell geächtet war. Der traditionelle Antisemitismus konnte nicht mit einem Schlag beseitigt werden. Es gab sogar neue Faktoren für die Feindlichkeit gegenüber den Juden: Jeder, der sich um eine Stelle beworben hatte, die an einen Juden vergeben wurde, war geneigt, sich zu sagen, dass in früheren Zeiten ihm diese Stelle zugestanden hätte. War das der Grund, warum die Behörden – zwar unauffällig, aber höchst effizient – Maßnahmen gegen die Juden ergriffen? Während unter dem Zarenregime ein Numerus clausus den Zugang der Juden zur Universität begrenzte, wurden in der UdSSR andere Mittel angewandt, um zum selben Ergebnis zu gelangen.

Beweis für die feindliche Haltung eines Teils der Bevölkerung gegenüber den Juden sind die antisemitischen Witze, die in der UdSSR grassierten. Als Antwort darauf erfanden die Juden ihrerseits zahlreiche Witze. Nachfolgend ein erstes Beispiel, das den Mangel an vielen Produkten aufgreift, der durch das schlecht funktionierende Versorgungssystem bedingt war.

– In Moskau kündigt man an, dass eine große Fleischlieferung in einem Lebensmittelgeschäft eintreffen wird. Die Menge eilt herbei, und schnell bildet sich eine lange Schlange. Jeder trifft seine Vorkehrungen für eine voraussichtlich recht lange Wartezeit.

Am folgenden Tag erscheint ein Polizist und brüllt: «Alle Juden raus!» Und die Juden müssen gehen.

Am darauffolgenden Tag erscheint der Polizist wieder und brüllt: «Alle Nichtrussen raus!» Nun müssen die Ukrainer, Georgier und andere Nichtrussen gehen.

Wieder einen Tag später richtet sich derselbe Befehl an alle, die nicht Mitglied der Partei sind. Damit bleiben in der Warteschlange nur noch die «wahren russischen Kommunisten» übrig.

Nun kommt ein hohes Parteimitglied und richtet sich mit folgenden Worten an die Verbliebenen: «Euch können wir ja die Wahrheit sagen. Wir haben die Fleischlieferung nur angekündigt, um die Moral der Bevölkerung zu heben. In Wirklichkeit wird es gar keine Lieferung an diesen Laden geben.»

Da erhebt sich aus der Warteschlange eine Stimme, die schreit: «Aber die Juden werden wie immer bevorzugt!»

Der folgende Witz stammt aus der Chruschtschow-Ära.

– Im Laufe seines Besuchs einer Stadt, in der eine große jüdische Gemeinschaft lebt, bittet Chruschtschow um ein Treffen mit dem Rabbi. «Es gibt keinen», entgegnet ihm ein hoher Vertreter der Stadt und fügt hinzu: «Der Rabbi ist gestorben, und wir haben keinen Nachfolger für ihn.» – «Warum nicht?», fragt ihn der Generalsekretär der Partei und erhält folgende Antwort: «Es gab drei Kandidaten für die Nachfolge des Rabbis, aber keiner erfüllte die Anforderungen. Der Erste hatte zwar das Rabbiner-Diplom, aber er war kein Parteimitglied. Der Zweite war Parteimitglied, aber er hatte kein Rabbiner-Diplom. Der Dritte hatte das Rabbiner-Diplom und war Parteimitglied, aber wir konnten ihn nicht akzeptieren, weil es ein Problem mit ihm gab: Er war Jude.»

Der nächste Witz spielt nicht in der UdSSR, sondern in Polen, wo es 1968 zu einem heftigen Wiederaufleben des Antisemitismus kam.

– 1968 in Warschau wird ein Jude, der seine Arbeit verloren hat, aber gut gekleidet ist und glänzend aussieht, von einem jüdischen Freund gefragt: «Wie lebst du nur?» Er antwortet: «Ich lebe von Erpressung. Eine nichtjüdische Familie hat mich während des Kriegs versteckt. Ich drohe ihr damit, dass ich sie, falls sie mir nicht weiter hilft, wegen der Rettung von Juden unter der deutschen Besatzung denunzieren werde.»

2. Die Beziehungen zu Israel.

Zu einer Zeit, als jede Beziehung zu Israel als verdächtig galt, erzählte der amerikanische Humorist Art Buchwald folgenden Witz:

– Abramowitsch wird aufgefordert, sich bei der Polizei zu melden. «Hast du einen Verwandten im Ausland?», fragt ihn der Beamte. «Nein», antwortet Abramowitsch.

«Abramowitsch, ich frage dich noch mal: Hast du einen Verwandten im Ausland?»

«Nein!»

Daraufhin reagiert der Beamte sarkastisch: «Abramowitsch, kennst du nicht einen gewissen Isaak Abramowitsch in Tel Aviv?»

«Isaak Abramowitsch? Natürlich, das ist mein Vetter!»

«Also gibst du zu, dass du einen Verwandten im Ausland hast!»

«Nein», erwidert Abramowitsch sanft, «er hat einen Verwandten im Ausland.»

Natürlich hätte in Wirklichkeit kein Jude es jemals gewagt, einem Polizisten so zu antworten.

Später, als Ausreisen nach Israel gestattet waren, verließen viele Intellektuelle und Wissenschaftler die UdSSR, was das Funktionieren etlicher Einrichtungen gefährdete. Dieses Phänomen ließ den folgenden Witz entstehen.

– In Moskau begegnen sich die Direktoren zweier wissenschaftlicher Institute. «Ich habe gehört, Sie beschäftigen Juden», sagt der eine. «Aber das ist doch völlig legal», erwidert der andere, der den Sinn der Frage nicht versteht. «Ich weiß», sagt der Erste, «aber wie gelingt es Ihnen, welche zu finden?»

Kapitel II

Deutschland

I. 19. Jahrhundert: Glaubenswechsel

Eine der auffälligsten Gegebenheiten in der Geschichte der deutschen Juden im 19. Jahrhundert, vor allem in dessen zweiter Hälfte, ist die Welle von Übertritten zum Christentum.

Viele deutsche Juden, insbesondere diejenigen, die es zu einem gewissen Wohlstand gebracht hatten, strebten eine völlige Integration in die deutsche Gesellschaft an. Den Antisemitismus sahen sie verständlicherweise als ein Hindernis auf dem Weg zu dieser Integration. Das einfachste Mittel, es auf der persönlichen Ebene zum Verschwinden zu bringen, waren der Übertritt zum christlichen Glauben und ein damit einhergehender Namenswechsel. Dieses Verhalten verletzte den Stolz und provozierte den Spott derjenigen, die Juden bleiben wollten, selbst wenn sie das ihre berufliche Karriere oder sogar ihre Sicherheit kosten sollte. Man braucht sich also nicht über die große Zahl an Witzen zu wundern, in denen die Konvertiten verspottet werden.

Hier die gekürzte Passage aus einem Buch, das sich über die Glaubens- und Namenswechsel mokierte.

– Ein bekannter Rechtsanwalt, Herr Kohn, hat seinen Glauben und seinen Namen gewechselt. Nun träumt er davon, seine Tochter mit einem deutschen Adeligen zu verheiraten.

Eines Abends veranstaltet er in seinem Haus einen großen Empfang, zu dem auch der Adelige eingeladen ist.

Der Sohn des Rechtsanwalts, der hinausgegangen ist, um sich ein wenig die Beine zu vertreten, beginnt auf einer Bank ein Schwätzchen mit einem jungen Juden, der seinem Benehmen und seiner Kleidung nach geradewegs aus Polen eingetroffen ist (der eine spricht deutsch, der andere jiddisch).

Währenddessen beginnt die Familie, sich Sorgen zu machen: Alle Gäste sind versammelt, einschließlich des Adeligen, aber man kann den Empfang nicht ohne den Sohn beginnen. Schließlich läutet es an der Tür.

Jemand eilt hin, um zu öffnen. Aber welch ein Graus! Der Sohn erscheint in Begleitung eines kleinen polnischen Juden, der direkt aus seinem Schtetl kommt, und verkündet lauthals: «Mama, ich stelle dir deinen Vetter aus Borytschew vor!»

Die konvertierten Juden hatten manchmal ein Problem. Wenn ein Richter sie nach ihrer Konfession fragte, antworteten sie stolz: «Protestantisch.» Aber einige Richter versuchten, die Juden dazu zu bringen, ihre jüdische Herkunft zu bekennen, und fügten hinzu: «Und Ihre vorige Konfession?» Einige wussten dem zu begegnen, indem sie zweimal konvertierten. Wenn ein Richter sie nach ihrem Glauben fragte, antworteten sie: «Katholisch.» Und wenn man sie nach ihrem vorigen Glauben fragte, sagten sie mit einem Lächeln: «Protestantisch.»

Man machte sich auch über den Glaubenswechsel schlechthin lustig.

– Feiwel, der gerade zum Katholizismus übergetreten ist, speist an einem Freitag in einem Restaurant zu Mittag Fleisch. Der Pfarrer, der gerade draußen vorbeikommt, sieht ihn und empört sich: «Wie kannst du es wagen, am Freitag Fleisch zu essen?»

«Das ist kein Fleisch, sondern Fisch», versichert der Konvertit.

«Was erzählst du da? Ich sehe genau, dass es Fleisch ist.»

«Dennoch ist es Fisch. Ich habe genau dasselbe getan wie Sie, Pater. Sie haben dreimal zu mir gesagt: Du warst Jude, jetzt bist du Katholik. Und ich habe dreimal zum Braten gesagt: Du warst Fleisch, jetzt bist du Fisch.»

«Aber sieh doch mal hin: Ist das etwa Fisch?»

«Und Sie, sehen Sie mich an: Bin ich etwa Katholik?»

II. Die ersten Jahrzehnte des 20. Jahrhunderts

Hier zwei jüdische Witze über Deutschland, die nicht vom Glaubenswechsel handeln. Der erste stammt vielleicht noch aus dem 19. Jahrhundert.

– Ein Offizier fragt einen jüdischen Soldaten: «Warum muss ein Soldat bereit sein, für seinen Kaiser zu sterben?»

«Ja, warum denn?», antwortet der Jude.

Die Entstehung des zweiten wird von manchen in der Anfangszeit des Nazismus vermutet. Es erscheint aber plausibler, ihn früher zu datieren, denn niemand hätte es gewagt, so zu reden, wäre Hitler bereits an der Macht gewesen.

– «Weshalb haben wir den Krieg *(den Ersten Weltkrieg)* verloren?», fragt ein Lehrer seine Schüler.

«Wegen der jüdischen Generäle», ruft Salomon.

«Sehr gut», erwidert der Lehrer im ersten Moment, um sich sofort zu verbessern: «Aber wir hatten gar keine jüdischen Generäle.»

«Nein, aber die anderen hatten welche», erläutert Salomon.

III. Anfangszeit des Nationalsozialismus

In den allerersten Jahren des Naziregimes, zu einer Zeit, als man sich noch nicht vorstellen konnte, welche Ausmaße das Grauen annehmen würde, machten manche noch Witze darüber. Hier ein Beispiel, das aus dieser Zeit stammt.

– Zwei Freunde treffen sich. Sagt der eine zum anderen: «Ich habe eine gute und eine schlechte Nachricht für dich.»

«Fang mit der guten an.»

«Die gute lautet: Hitler ist tot. Die schlechte Nachricht lautet: Es ist nicht wahr.»

Ein anderer Witz aus dieser Zeit ist womöglich nicht jüdischer Herkunft, denn Freud erzählt und kommentiert ihn in einem anderen Zusammenhang (siehe S. 117): «Wenn man das sieht, sagt man sich: Es wäre besser, man wäre nie geboren worden. Aber wer hat schon dieses Glück? Nicht mal einer unter Hunderttausend!»

Der Ursprung des folgenden Witzes, den man sich in den Dreißigerjahren in Frankreich erzählte und den man heute in neueren Fassungen wiederfindet, ist nicht bekannt. Aber es ist durchaus möglich, dass er in Deutschland entstanden ist.

– In einem Reisebüro soll ein Jude wählen, in welches Land er emigrieren will. Der Verkäufer zeigt ihm einen Globus und erläutert die Perspektiven in den einzelnen Ländern: Hier verweigert man den Juden die Einreise, dort lebt die gesamte Bevölkerung im Elend, woanders werden die Juden verfolgt usw. Es ist keine Lösung in Sicht. Der Jude betrachtet traurig den Globus und fragt: «Haben Sie keinen anderen?»

Der nachfolgende Witz ist noch bekannter. Es existieren auch nichtdeutsche Fassungen, die wahrscheinlich vor der Zeit des Naziregimes entstanden sind.

– Ein Jude begegnet auf der Terrasse eines Cafés einem seiner Freunde, der gerade den *Stürmer* liest, eine stark antisemitische Tageszeitung.

«Wie kannst du so etwas Grauenhaftes lesen?», sagt er zu ihm.

Sein Freund erwidert: «Wenn ich eine jüdische Zeitung lese, finde ich nur traurige Nachrichten und Katastrophen. Überall Antisemitismus, Verfolgungen; Türen, die sich vor den Juden schließen, die ihr Land verlassen wollen. In dieser Zeitung dagegen erfahre ich, dass wir die Welt beherrschen, dass die Banken, die Finanzwelt und die Presse in unserer Hand sind. Das ist weitaus erfreulicher!»

Kapitel III

Vereinigte Staaten und England

I. Die jüdische Immigration und der amerikanische Traum

Schätzungen zufolge sollen um die zwei Millionen Juden in die USA ausgewandert sein, vor allem im 19. Jahrhundert. Die meisten von ihnen kamen aus Osteuropa. Für die Mehrheit dieser Einwanderer verwandelte sich der «amerikanische Traum» in harte Wirklichkeit, zumindest in der Anfangsphase ihres neuen Lebens. So wurde speziell die erschöpfende und äußerst schlecht bezahlte Arbeit in den großen Konfektionsateliers als «sweating system» (englisch, «to sweat», schwitzen) bezeichnet.

1. Die Ankunft in den USA.   Die folgenden Witze betreffen die Immigration schlechthin.

– Bei der Einreise in die USA schlug man den Immigranten manchmal vor, ihren Namen zu ändern und einen zu wählen, der einen angelsächsischen Klang besaß.

Einer der Immigranten, der nur Jiddisch spricht, vergisst den Namen, den man ihm gerade vorgeschlagen hat, als er vor den Beamten tritt, der seine Ankunft in Amerika registrieren soll. Dennoch errät er, was man von ihm will, und antwortet auf Jiddisch: «schoin fargessen» («schon vergessen»). Der Beamte, der glaubt, er habe seinen Namen nur schlecht ausgesprochen, verbessert ihn und schreibt: «John Ferguson.»

Von diesem Witz gibt es auch eine andere Fassung, die ebenfalls mit «John Ferguson» endet. Aber der Übergang von «schoin fargessen» zu John Ferguson ist hier so komisch, dass mir die Originalfassung wirklich jüdisch zu sein scheint.

Der zweite Witz ist, so könnte man sagen, das Gegenteil vom ersten, aber auch er betrifft ein Ausspracheproblem.

Ein amerikanischer Jude, der einem Chinesen namens Goldenberg begegnet, wundert sich darüber, dass dieser einen so typisch jüdischen Namen trägt. Der Chinese erzählt ihm daraufhin, dass, als er sich bei seiner Ankunft in den USA anmeldete, derjenige, der vor ihm in der Schlange stand, Goldenberg hieß. Als er nun an die Reihe kam, nannte er seinen Namen: Tien-Tsin. Der Beamte glaubte, «same thing» *(«genauso»)* verstanden zu haben, und trug daraufhin den Namen des Immigranten vor ihm ein.

2. Die Entdeckung Amerikas. In ihrem neuen Land erlebten die Immigranten eine Überraschung nach der anderen.

Der folgende Witz ist mit Sicherheit amerikanisch und nicht unbedingt jüdisch. Aber man findet ihn in Sammlungen über den jüdischen Humor, die in den USA publiziert sind.

– Ein gerade frisch eingetroffener Immigrant erblickt plötzlich einen Automaten, an dem man Sandwiches ziehen kann. Er wirft eine Münze ein, erhält ein Sandwich, wirft wieder eine Münze ein, erhält ein zweites und macht immer so weiter. «Was machst du da? Bist du wahnsinnig?», fragt ihn der Freund, der ihn begleitet. «Du hast schon zwölf Sandwiches!» – «Was stört dich das, ich bin doch am Gewinnen», antwortet der Immigrant.

Der nächste Witz ist zweifellos jüdisch.

– Frisch aus Osteuropa eingetroffen, geht ein Jude an seinem ersten Samstag in einem New Yorker Park spazieren. Auf einer Bank sieht er einen Mann sitzen, der eine jiddische Zeitung liest und eine Zigarre dabei raucht. «Was für ein wundervolles Land!», denkt er bei sich. «Hier lesen sogar die Gojim *(Mehrzahl von Goi)* auf Jiddisch.» Der Gedanke, dass ein Jude den Sabbat durch Rauchen entweihen könnte, was streng verboten ist, kam ihm nicht einmal in den Sinn.

3. Bei der Arbeit, in der Konfektionsschneiderei. Der folgende Witz ist sehr bekannt. Einige erzählen ihn, als spiele er in England. Er wurde in anderer Form, mit Bezug auf die chinesischen Angestellten eines Restaurants, in dem französischen Film *Ich hasse Schauspieler!*[*] aufgegriffen, der in Hollywood spielt.

– Ein Mann besucht einen Freund, der ein Konfektionsatelier leitet. In der Werkstatt, in der nur Jiddisch gesprochen wird, entdeckt der Besucher erstaunt einen Chinesen, der sich ebenfalls in dieser Sprache ausdrückt. «Das ist ja ein Ding! Du hast einen Chinesen, der Jiddisch spricht!», ruft er aus. «Sei still», erwidert sein Freund, «er arbeitet hier gegen freie Unterkunft und Verpflegung und glaubt, dass er Englisch lernt.»

Vermutlich stammt der folgende Witz aus derselben Zeit. Er existiert in mehreren Fassungen und bezieht sich nicht unbedingt auf die USA. Manchmal wird er so erzählt, als spiele er in Frankreich. Der letzte Satz ist noch witziger, wenn er auf Jiddisch gesprochen wird.

– In einem Konfektionsatelier erzählt ein Arbeiter, der viel in der Welt herumgekommen ist, von einer Afrikareise.

«In dem Moment kam der Löwe auf mich zu. Ich wollte schießen, aber mein Gewehr hatte Ladehemmung.»

«Und was passierte dann?»

«Na, was wird passiert sein? Der Löwe stürzte sich auf mich und hat mich gefressen.»

«Wie das, gefressen? Du bist doch hier und am Leben.»

Darauf deutet der Mann auf die düstere Werkstatt, auf die überall herumliegenden Stofffetzen und die traurig vor sich hin starrenden Arbeiter, die über ihre Nähmaschinen gebeugt sind, und sagt: «Nennt ihr das etwa leben?»

---

[*] Frz. Originaltitel: *Je hais les acteurs. Anm. d. Ü.*

II. Heute

Die Größe der jüdischen Gemeinschaft in den USA erklärt die Vielzahl an Veröffentlichungen über den jüdischen Humor in diesem Land.

1. Der jiddische Humor. Das Jiddische und der dieser Sprache eigene Humor sind in den USA lebendig geblieben. Hier ein Beispiel, das ich als typisch für den jiddischen Humor erachte, selbst wenn die nachfolgenden Sätze auf Englisch gesprochen wurden.

– In einem Interview mit einem amerikanischen Fernsehsender soll ein jüdischer Schriftsteller folgende Frage beantworten: «Wie ist es möglich, dass es noch eine Zeitung auf Jiddisch gibt, die nur einige Tausend Leser hat, während englischsprachige Zeitungen mit mehr als einer Million Lesern am Verschwinden sind?»

Seine Antwort: «Diese Zeitungen haben gute Buchhalter. Wir haben alte Buchhalter, die halb blind sind. Sie sind nicht einmal in der Lage zu sehen, dass wir pleite sind. Deshalb existieren wir noch.»

Der nächste Witz, der vor dem Zweiten Weltkrieg in einer französischen Zeitung als ein amerikanischer Witz präsentiert wurde, ist sicherlich jüdischer Herkunft und wurde mit großer Wahrscheinlichkeit zuerst auf Jiddisch erzählt.

– In einer großen Straße in New York bringt der Inhaber eines bekannten Bekleidungsgeschäfts an seinem Schaufenster ein großes Plakat mit der Aufschrift an: «Der beste Schneider von New York». Einer seiner Konkurrenten, der in derselben Straße einen großen Laden besitzt, antwortet darauf zwei Tage später mit einem anderen Plakat: «Der beste Schneider der Vereinigten Staaten». Der dritte große Schneider dieser Straße versichert daraufhin natürlich: «Der beste Schneider der Welt».

In derselben Straße gibt es auch noch eine kleine Schneiderei. Ihr Inhaber betrachtet die Plakate, überlegt einen Moment und bringt schließlich an seinem Schaufenster ein Plakat an, auf dem es bescheiden heißt: «Der beste Schneider der Straße».

Für den folgenden Witz lässt sich dieselbe Beobachtung machen wie für den vorangegangenen: Der letzte Satz gibt Anlass zu der Vermutung, dass er zuerst auf Jiddisch erzählt worden ist, mit der besonderen Melodik, die dieser Sprache eigen ist.

Ein alter Mann bittet seinen Enkel, ihm die Relativitätstheorie von Einstein zu erklären. «Das ist ganz einfach», sagt der Junge. «Wenn du eine Stunde mit einem schönen Mädchen im Arm verbringst, erscheint es dir wie eine Minute. Wenn du eine Minute auf einem glühend heißen Ofen verbringst, erscheint es dir wie eine Stunde.»

Der Großvater schüttelt verwundert den Kopf und fragt: «Und damit verdient der sein Leben?»

2. Die jüdischen Komiker. Da der Humor für die Juden so wichtig ist, kann es nicht erstaunen, dass sie mit so vielen Komikern im amerikanischen Kino vertreten sind, zum Beispiel Woody Allen, Mel Brooks, Danny Kaye, Jerry Lewis und die Marx Brothers. Nur die Filme der ersten beiden enthalten häufig jüdische Anspielungen (wie der Jiddisch sprechende Indianer in *Der wilde Wilde Westen** von Mel Brooks).

Woody Allen ist auch Schriftsteller. In einem seiner Bücher findet man folgenden Verweis auf die aller Düsternis trotzende Liebe zum Leben:

Zwei alte Damen unterhalten sich in einer kleinen Pension. «Das Essen ist hier so schlecht», sagt die eine. «Ja», entgegnet die andere und fügt hinzu: «Und die Portionen sind so klein.»

3. Die «Seelenklempner». Die Amerikaner suchen sehr häufig Psychologen, Psychiater und Psychoanalytiker auf. Unter den Ärzten von New York gibt es zahlreiche Juden, aber unter den

---

* Engl. Originaltitel: *Blazing Saddles. Anm. d. Ü.*

«Seelenklempnern» ist ihr Anteil noch höher. Daraus erklärt sich folgende, dem jüdischen New Yorker Humor entstammende Definition:

– Was ist ein Psychiater? Ein jüdischer Arzt, der kein Blut sehen möchte.

Auch das folgende Rätsel handelt von «Seelenklempnern», doch aus einer anderen Perspektive.

– Frage: Was ist der Unterschied zwischen einem Schneider und einem Psychoanalytiker?

Antwort: Eine Generation.

Hier wird auf den sozialen Aufstieg angespielt, der sich bei den Juden besonders rasch vollzieht. Dabei ist dieses Phänomen keineswegs nur auf Amerika beschränkt, sondern ganz allgemein zu beobachten, zumindest in der heutigen Welt (im Russland des 19. Jahrhunderts war Kindern aus armen Familien der soziale Aufstieg so gut wie völlig verwehrt).

4. Namens- und Glaubenswechsel. Wie überall gibt es auch in den Vereinigten Staaten Juden, die den Glauben, vor allem aber ihren Namen wechseln.

Der nachfolgende Witz verdient es trotz seiner Unwahrscheinlichkeit, hier zitiert zu werden, weil er wirklich sehr zum Lachen ist.

– In New York kommt ein junger Pfarrer an einem Laden vorbei, dessen Schaufenster die Aufschrift trägt: «Blumenthal und O'Grady.» Er betritt den Laden und wird von einem bärtigen Juden empfangen, der eine Kippa* trägt. Er sagt zu ihm: «Ich freue mich, dass die Freundschaft zwischen unseren beiden Religionen so weit geht, dass sogar Geschäfte gemeinsam geführt werden können. Das ist eine angenehme Überraschung für mich.»

«Ich habe eine noch angenehmere Überraschung für Sie», antwortet ihm der Bärtige, «ich bin O'Grady.»

---

* Kopfbedeckung praktizierender männlicher Juden. *Anm. d. Verf.*

Die Unwahrscheinlichkeit dieses Witzes besteht darin, dass man sich kaum einen Juden vorstellen kann, der seinen Namen gewechselt hat, aber ansonsten alle Zeichen bewahrt, die ihn sofort als Juden erkennbar machen.

Der zweite Witz, der den Glaubenswechsel thematisiert, bedient sich eher der Selbstironie, wobei auch eine kleine Spitze gegen die Pfarrer nicht fehlt.

– Die methodistische Kirche einer amerikanischen Stadt verspricht demjenigen eine Prämie von zehntausend Dollar, der ihr als zehntausendstes Mitglied beitritt. Kohn verhandelt mit dem Pfarrer: Er ist bereit zu konvertieren, wenn man ihn zum zehntausendsten Mitglied erklärt, und will dann ein Zehntel der Summe an den Pfarrer abtreten. Gut, abgemacht.

Nach seiner Konversion kommt er mit seinen neuntausend Dollar nach Hause. Seine Frau verlangt von ihm einen neuen Pelzmantel als Geschenk, sein Sohn will ein Motorrad. Selbst die jüdische Köchin erwartet ein Geschenk.

Kohn wird ärgerlich und ruft: «Kaum verdient ein Goi ein bisschen Geld, kommen die Juden angerannt, um es ihm abzuknöpfen.»

Umgekehrt gibt es in den USA, vor allem in New York, einige Schwarze, die zum Judentum konvertiert sind. Hier zwei Witze zu diesem Thema.

– Ein Schwarzer betet in einer Synagoge. Da hört er hinter sich eine Stimme, die sagt: «Hattest du nicht genug damit, Schwarzer zu sein?»

Der zweite Witz geht in eine ähnliche Richtung, obwohl er nicht von einem Konvertiten handelt.

– Ein New Yorker Jude sieht in der U-Bahn einen Schwarzen, der eine jiddische Zeitung liest. Erstaunt fragt er ihn: «Sind Sie Jude?» – «Das fehlte mir noch!», erwidert der Schwarze.

5. Die Israelis in den USA. Manche Israelis, im Allgemeinen beruflich hoch qualifizierte Menschen, folgen der Verlockung, ihr

Leben in den USA zu verdienen, wo sie viel bessere Chancen haben als in ihrem eigenen Land. Bisweilen heißt es sogar, die zweite Sprache im berühmten «Silicon Valley» sei Hebräisch. Auch in Los Angeles gibt es viele Israelis. Daraus erklärt sich der folgende Satz eines fiktiven Gesprächs zwischen Israelis dieser Stadt, aus der Zeit, als über den Rückzug der israelischen Armee aus Hebron verhandelt wurde:

– «Mit Hebron fängt es an, dann kommt Los Angeles dran.»

Die Israelis betreffend, gibt es auch einen Witz über Nahum Goldmann, den ehemaligen Vorsitzenden des Jüdischen Weltkongresses, von dem niemand so genau wusste, wo er wohnte, denn er reiste unentwegt und zog von einem Hotel zum anderen. Da er sich oft in den Vereinigten Staaten aufhielt, sprach er meistens Englisch. Dennoch behielt er in dieser Sprache einen deutlichen Akzent, der das folgende, auf ihn gemünzte Wortspiel ermöglichte.

– Nahum Goldmann sagte eines Tages: «I want to polish my English.» *(Ich möchte mein Englisch aufpolieren, also verbessern.)*

Worauf man ihm erwiderte: «Your English is Polish enough.» *(Ihr Englisch ist polnisch genug.)*

6. Der Antisemitismus. Der Antisemitismus ist in den USA verbreiteter, als man glaubt. (Die wenigen zum Judentum konvertierten Schwarzen können also in doppelter Hinsicht angefeindet werden, daher der weiter oben zitierte Witz über den Schwarzen, der in einer Synagoge betet.)

Der folgende Witz spielt je nach Fassung in den USA oder in einer deutschen Stadt, in der eine amerikanische Garnison stationiert ist.

– Eine Dame der Hautevolee veranstaltet eine Abendgesellschaft. Nachdem einige Gäste abgesagt haben, stellt sie fest, dass zum Tanz mehr Frauen als Männer anwesend sein werden. Daraufhin beschließt sie, den Kommandanten der nächstgelegenen Garnison anzuschreiben, um ihn zu bitten, dass er ihr sechs große, schmucke Offiziere zur Teilnahme an ihrem Empfang schickt. Als Postskript fügt sie ihrem Brief hinzu, dass sie keine Juden unter den Offizieren wünsche. Als diese am Abend des Empfangs erscheinen, ist die Dame zutiefst erstaunt: Vor ihr stehen sechs prächtige Schwarze. «Es muss sich um einen Irrtum handeln!», ruft sie aus. «Madam, Oberst Levi irrt sich nie», erwidert einer der Offiziere.

7. Die reformierten Rabbiner. Die reformierten Rabbiner sind ein weiteres beliebtes Thema im jüdisch-amerikanischen Humor.

Das Reformjudentum, das in Europa als liberales oder progressives Judentum bezeichnet wird, ist in den Vereinigten Staaten sehr mächtig. Es unterscheidet sich vom orthodoxen und konservativen Judentum durch seine viel zwanglosere Einhaltung der religiösen Riten. Es ist also nicht verwunderlich, dass die strenggläubigen Juden das Verhalten der reformierten Rabbiner mit Spott belegen.

Der schönste Witz über reformierte Rabbiner ist vielleicht dieser hier.

– Ein reformierter Rabbiner war ein begeisterter Anhänger des Golfsports. Eines Tages, an Jom Kippur, hielt er es nicht länger aus und verließ für einen Moment die Synagoge, um den benachbarten Golfplatz aufzusuchen.

Ein Engel, der gerade vorbeikam, setzte sofort Gott davon in Kenntnis. Dieser ließ einen starken Wind aufkommen, der es dem Rabbiner ermöglichte, einen außergewöhnlich guten Schlag auszuführen. Erstaunt sagte der Engel zu Gott: «Das ist die Strafe, die du ihm dafür erteilst?» Worauf Gott erwiderte: «Vor wem könnte er sich wegen dieses Erfolges brüsten?»

Hier ein weiterer sehr bekannter Witz, der ebenfalls im Zusammenhang mit Jom Kippur steht, einem Fest, an dem gefastet wird.

– Zwei reformierte Rabbiner unterhalten sich: «Ich war es leid, dass die Hälfte der Gläubigen zur Mittagszeit die Synagoge verließ. Darum habe ich in einer Ecke der Synagoge eine Theke eingerichtet, wo es Sandwiches zu kaufen gibt.» Der andere erwidert darauf: «Ich habe eine bessere Lösung gefunden. An Rosch ha-Schana* und an Jom Kippur hänge ich ein Schild an die Tür der Synagoge mit der Aufschrift ‹Wegen Feiertag geschlossen›.»

III. England

Die englischsprachigen Veröffentlichungen über den jüdischen Humor erscheinen zum überwiegenden Teil in den USA und betreffen dieses Land. Dennoch existieren Witze, die sich speziell auf England beziehen.

Wie viele jüdische Einwanderer in anderen Ländern, zum Beispiel die Juden in Deutschland, träumten auch viele Juden, die sich in England niedergelassen hatten, von einer so vollständigen Integration in ihre neue Heimat, dass sie sich patriotischer gebärdeten als die gebürtigen Engländer, was zu folgendem Witz angeregt hat.

– Einige Jahre nach dem Zweiten Weltkrieg beschließt ein französischer Jude während einer Reise durch England, dort einen seiner jüdischen Freunde zu besuchen, von dem er seit zwanzig Jahren nichts mehr gehört hat. Er findet schließlich seine Adresse heraus und entdeckt, dass er ganz offensichtlich im Leben reüssiert hat: Er bewohnt eine Luxusvilla, hat mehrere Bedienstete und einen prächtigen Wagen mit Chauffeur. «Bravo! Wie glücklich du sein musst!», sagt er zu ihm. Worauf sein Freund mit trauriger Stimme erwidert: «Wie kann man glücklich sein, wenn man Indien verloren hat?»

---

* Das jüdische Neujahrsfest. *Anm. d. Verf.*

Kapitel IV

Frankreich

Frankreich war lange Zeit eines der wichtigsten Einwanderungs-
länder für die Juden aus Osteuropa, bevor es nach der Entkolonia-
lisierung die meisten Juden aus dem Maghreb aufnahm: diejenigen, die in Algerien geboren waren und seit dem Crémieux-Dekret
von 1870 die französische Staatsbürgerschaft besaßen.

I. Die Immigration am Anfang des 20. Jahrhunderts

Am Anfang des Jahrhunderts lebten sehr wenige Juden in Frankreich. Die Ankunft von Juden aus Osteuropa begann gegen Ende
des 19. Jahrhunderts als Folge der Pogrome in Russland. Frankreich war damals ein aufnahmefreundliches Land selbst für Immigranten, die keine gültigen Papiere besaßen, weil sie Russland auf
illegalem Weg verlassen hatten. Es wird berichtet, dass es damals
genügte, einen Briefumschlag vorzuweisen, der an den eigenen
Namen gerichtet war, um in Frankreich aufgenommen zu werden.
   Die neu eingetroffenen Immigranten wussten, dass Frankreich
ein liberales Land war. Aber für sie war Frankreich gleichbedeu-
tend mit Paris, zumal sie fast alle bei ihrer Ankunft kein Wort
Französisch sprachen und somit gezwungen waren, sich zumindest am Anfang in der Hauptstadt zu sammeln. Man kann davon
ausgehen, dass das Weitererzählen der unvermeidlichen Missge-
schicke, die diesen Einwanderern widerfuhren, Teil des jüdischen
Humors sind, wenn auch eines sicherlich unfreiwilligen Humors.
Es ist nicht nötig, in dieser Lebenslage etwas hinzuzuerfinden.
Hier ein Beispiel.

– Ein Jude, der vor Kurzem aus Russland eingewandert ist, geht aus, um in seinem Viertel spazieren zu gehen. Nach einer Weile hat er sich verlaufen und weiß nicht mehr, wie er nach Hause kommen soll, denn er hat auch seine Adresse vergessen. Er weiß nur, dass er am Montmartre wohnt. Ratlos sucht er verzweifelt nach einem Juden, mit dem er Jiddisch sprechen kann und den er an seiner Kleidung und seinem Aussehen zu erkennen hofft. Schließlich findet er einen und bittet ihn, alle Straßen zu nennen, in denen Juden am Montmartre wohnen. Als der andere nach einer ganzen Reihe von Straßen die «Rue Ferdinand Flocon» nennt, schreit der Jude, der sich verirrt hat: «Dort ist es!»

Für jemanden, der nur Jiddisch und Russisch spricht, ist Ferdinand Flocon ein unaussprechlicher Name und daher nur sehr schwer zu behalten.

Das Leben in Paris steckte voller Überraschungen für diese Immigranten. So kannten sie zum Beispiel keinen Salat und sagten deshalb, dass die Franzosen «Gras» äßen. Natürlich wussten sie auch nichts über den Ursprung des Wortes «Métropolitain», und so ging in Immigrantenkreisen das Gerücht, dass die Pariser U-Bahn von einem Juden namens Metropolitanski erfunden worden sei, was die Franzosen der Einfachheit halber zu «Métropolitain» verkürzt hätten.

II. Die Dreißigerjahre

Zu neuen Wellen jüdischer Immigration kam es in den Dreißigerjahren, vor allem aus Polen, infolge der wirtschaftlichen Lage und des starken Antisemitismus in diesem Land, und natürlich auch aus Deutschland, nachdem Hitler an die Macht gelangt war.

1. Die Volksfront. Der folgende Witz ist wahrscheinlich nicht jüdischen Ursprungs. Dennoch passt er gut hierher, um daran zu erinnern, dass es die von Léon Blum angeführte Regierung war, die erwirkte, dass bestimmte Geschäfte, wie zum Beispiel die Friseure, montags geschlossen bleiben.

– Ein Straßenwärter klopfte Steine am Rande einer Landstraße in brütender Hitze und wiederholte unentwegt: «Ach! Wann kommt denn endlich der vierte Jude?» Als ein Vorbeikommender ihn fragte, warum er das sage, antwortete er ihm: «Der erste Jude, Moses, hat gesagt: Du sollst am Sonnabend nicht arbeiten. Der zweite Jude, Jesus, hat gesagt: Du sollst am Sonntag nicht arbeiten. Der dritte Jude, Léon Blum, hat gesagt: Du sollst am Montag nicht arbeiten. Nun warte ich auf den vierten Juden, der sagt: Du sollst auch am Dienstag nicht arbeiten.»

III. Nach 1940

1. Der Zweite Weltkrieg. Bekanntlich hatten der Schriftsteller Tristan Bernard, aber auch der Maler Emmanuel Mané-Katz einen ausgeprägten Sinn für Humor.

Als der Jude Tristan Bernard verhaftet und ins Sammellager Drancy deportiert wurde, sagte er: «Bis heute lebten wir in der Furcht, von jetzt an leben wir in der Hoffnung.»

Einem Freund, dem er im Lager begegnete, antwortete er auf die Frage, ob er etwas brauche: «Ja, ein Cache-nez.»* (*Natürlich eine Anspielung auf die «jüdische Nase»*).

Tristan Bernard soll auch gesagt haben: «Wir sind das auserwählte Volk … nur derzeit noch ohne die erforderliche Stimmenmehrheit.»

Und Mané-Katz erzählte Folgendes.

– Mané-Katz hatte die Kriegszeit in den USA verbracht. Dort begegnete er Juden aus Frankreich, die, ohne an das Glück zu denken, das sie gehabt hatten, darüber jammerten, was sie damals

---

* Frz. «cache-nez», Halstuch; wörtlich: etwas, was die Nase versteckt. *Anm. d. Ü.*

alles zurücklassen mussten. Der eine sagte: «Ich hatte vor dem Krieg ein Schloss.» Ein anderer übertrumpfte ihn und schwärmte von seiner Jacht. Aufgebracht von diesen Erinnerungen, versetzte der kleinwüchsige Mané-Katz: «Und ich war vor dem Krieg ein Meter neunzig groß.»

2. Aschkenasen und Sepharden. In Frankreich hat es immer einerseits die aschkenasischen Juden gegeben, die – oder deren Vorfahren – aus Mittel- und Osteuropa stammten, und andererseits die sephardischen Juden, die Nachkommen der 1492 aus Spanien vertriebenen Juden. Die Letzteren bildeten eine kleine Minderheit, bis die Juden aus Nordafrika, vor allem aus Algerien, nach Frankreich kamen und damit die Proportionen umkehrten. Viele Witze beziehen sich auf das Verhältnis zwischen den beiden Gruppen.

In einigen jüdischen Organisationen wird – glücklicherweise heutzutage immer seltener – auf eine ausgewogene Vertretung von Aschkenasen und Sepharden geachtet, was folgenden Witz inspiriert hat.

– Se. Exz. Jean-Marie Lustiger, der vom Judentum zum Christentum konvertiert war, wurde zum Erzbischof von Paris ernannt, kurz nachdem René-Samuel Sirat Großrabbiner von Frankreich geworden war. Damals hieß es: «Da der Großrabbiner Sepharde ist, musste der Erzbischof natürlich Aschkenase sein.»

Als Alain Krivine die «Ligue Communiste Révolutionnaire» gründete, gab es viele Juden in der Führungsspitze dieser Organisation. Daher die Frage:

– Warum werden die Versammlungen des Politbüros der Ligue Communiste nicht auf Jiddisch abgehalten?

Antwort: Weil Daniel Bensaïd (*einer der politischen Führer*) Sepharde ist.

Natürlich waren die Führer der Ligue Communiste nicht alle Juden, und selbst die meisten Juden sprachen kein Jiddisch, da es eher die Sprache ihrer Großeltern als die ihrer Eltern gewesen war.

3. Deauville. Viele Pariser Juden, unter anderem die Inhaber der Konfektionsbetriebe der Rue du Sentier,[*] verbringen ihre Wochenenden gern in Deauville. Davon sind mehrere Witze inspiriert.

Eine Karikatur in einer jüdischen Zeitschrift zeigt einen Mann und eine Frau am Strand von Deauville.

– Der Mann sagt zu seiner Frau im Badeanzug: «Hier hast du mal Gelegenheit, deinen ganzen Schmuck zu zeigen.» Worauf die Frau erwidert: «Mehr kann ich nicht anlegen, sonst gehe ich unter.»

Hier handelt es sich um einen typischen Aspekt des jüdischen Humors: Man übernimmt ein Thema antisemitischer Witze, aber «setzt noch einen drauf».

Der folgende Witz, ebenfalls aus einer jüdischen Zeitschrift, geht in die gleiche Richtung, hat aber nichts mit Deauville zu tun.

Eine fliegende Untertasse landet mit einem Riesenkrach auf einem Feld, und ein Außerirdischer steigt aus.

Ein Mann, der sich in der Nähe befindet, überwindet seine Angst, geht zu ihm hin und fragt:

«Sind alle Außerirdischen so groß wie Sie?»

«Ja.»

Glücklich darüber, dass der Außerirdische seine Sprache versteht, fragt der Mann weiter:

«Haben alle wie Sie sechs Augen, zwei Münder und drei Nasen?»

«Ja!»

«Haben alle wie Sie zehn Finger an jeder Hand?»

«Ja!»

Der Mann fragt weiter:

«Und tragen alle wie Sie einen großen Diamanten an jedem Finger?»

Diesmal lautet die Antwort anders:

«Nein, nur die Juden!»

---

[*] Das Stadtviertel um die Rue du Sentier, kurz «Le Sentier» genannt, ist das Zentrum der Pariser Konfektionskleidungsbranche. *Anm. d. Ü.*

4. Die Religion. Der folgende Witz wurde in der Zeit nach den großen Überschwemmungen im Südosten des Landes erzählt. Es existieren weitere ähnliche Fassungen, die älter sind und nicht in Frankreich spielen.

– Während das Hochwasser seinen kritischsten Stand erreicht, steht ein praktizierender Jude isoliert auf einer kleinen Anhöhe, bis zu den Knien im Wasser. Als ein Rettungsboot herankommt, das ihn bemerkt hat, weigert er sich einzusteigen und sagt: «Ich brauche euch nicht, Gott wird mir zu Hilfe kommen.» Das Wasser steigt weiter und reicht ihm nun bis zur Brust. Ein zweites Rettungsboot kommt heran. Doch er vertraut weiterhin auf Gottes Hilfe und bleibt auf seinem Hügel. Als ihm das Wasser bis zum Hals reicht, kommt ein Rettungshubschrauber. Nach wie vor ist er sich der Hilfe Gottes sicher und weigert sich einzusteigen. Schließlich ertrinkt er. Als er in den Himmel kommt, sieht er Gott und sagt zu ihm: «Ich bin immer ein guter Jude gewesen. Ich habe alle Gebote beachtet. Warum bist du mir nicht zu Hilfe geeilt, als ich zu ertrinken drohte?» – «Wie?», sagt Gott. «Ich bin dir nicht zu Hilfe geeilt? Ich habe dir ein Rettungsboot geschickt, dann ein zweites und dann noch einen Hubschrauber!»

5. Und das Kino? In Frankreich wie in den Vereinigten Staaten (siehe S. 47) sind einige Juden in der Welt der Filmkomödie anzutreffen. Ich will nur zwei Beispiele anführen. Gérard Oury hat mit dem Film *Die Abenteuer des Rabbi Jacob** viele Zuschauer zum Lachen gebracht. Und in den Filmkomödien des Schauspielers und Regisseurs Jean Yanne stößt man häufig auf jüdische Anspielungen. So erhalten in dem Film *Die Chinesen in Paris*** Kandidaten für das Amt des Hauptstadtgouverneurs das Wort. Einer von ihnen sagt einen einzigen Satz: «Ich bin Chinesisch-

---

* Frz. Originaltitel: *Les Aventures de Rabbi Jacob. Anm. d. Ü.*
** Frz. Originaltitel: *Les Chinois à Paris. Anm. d. Ü.*

lehrer.» Aber er sagt es auf Hebräisch! Und natürlich denken fast alle Zuschauer, dass es Chinesisch ist.

6. Zum Abschluss ein Witz aus Belgien.   Belgien ist ein Nachbarland Frankreichs, und darum zitiere ich hier auch folgenden Witz, der die bisweilen unbequeme Lage der Juden in einem Nationalitätenstaat illustriert.

– In Brüssel kommt es zu einer handfesten Auseinandersetzung zwischen Flamen und Wallonen. Die Polizei trifft ein und versucht, die Gegner mit folgendem Befehl voneinander zu trennen: «Flamen nach rechts, Wallonen nach links!» Die Demonstranten gehorchen. Nur ein Jude bleibt in der Mitte stehen und fragt: «Und wohin sollen die Belgier?»

Kapitel V

Israel

Ist der israelische Humor jüdischer Humor? Ich würde darauf antworten: Wenn Juden Witze über Probleme machen, die speziell sie betreffen, dann handelt es sich sehr wohl um jüdischen Humor; und wahrscheinlich ist dieser Humor beeinflusst von dem ihrer Vorfahren.

I. Vor der Staatsgründung

1. Die Pionierära. Die harte Zeit, die in den Achtzigerjahren des 19. Jahrhunderts begann, als es galt, den Boden urbar zu machen, die Sümpfe mit primitivsten Mitteln trockenzulegen, wobei man Gefahr lief, an Malaria zu erkranken, diese Zeit hat keine wesentlichen Spuren auf dem Gebiet des Humors hinterlassen (während in anderen, nicht weniger schwierigen Situationen der Humor durchaus präsent gewesen war).

Hier immerhin ein sehr bekannter Witz, der auf jene Zeit Bezug nimmt.

– Es wird berichtet, dass der erste Bürgermeister von Tel Aviv, Meir Dizengoff, als ihm ein Dieb – sagen die einen –, eine Prostituierte – sagen die anderen – vorgeführt wurde, vor Freude aufsprang und rief: «Endlich werden wir ein Volk wie die anderen!» Ein Volk «wie die anderen» zu werden war in der Tat eines der sehnlichsten Ziele der ersten Siedler.

2. Die «Zionisten» ... aus der Ferne. Während die einen Sümpfe trockenlegten, begannen andere – umso begeisterter, als sie auf keinen Fall den Komfort der Großstädte Europas und der USA aufgeben wollten –, unter ihren Glaubensbrüdern und -schwestern Geld zu sammeln für den Kauf von Land in jener Provinz des Osmanischen Reiches, die die Juden Palästina nannten. Ursprünglich war «Palaestina» eine Provinz des Römischen Reiches, dessen Name sich auf die Volksgruppe der Philister bezog und das Gebiet des antiken jüdischen Staates bezeichnete.

Der folgende Witz, der sich über diese «Pantoffelzionisten» mokiert, stammt aus einer etwas späteren Zeit, als die Gründung eines Staates bereits realistische Züge annahm.

– «Ich hoffe sehr, dass der Zionismus siegen wird», sagt ein deutscher Jude und fügt hinzu: «Und wenn es den jüdischen Staat erst einmal gibt, möchte ich zum Konsul in Berlin ernannt werden.»

3. Das britische Mandat. *A) Die deutschen Juden.* An humoristischem Material aus der Zeit des britischen Mandats über Palästina wären vor allem die Witze über die deutschen Juden zu erwähnen, die sich nach der Machtübernahme Hitlers dort niederließen. Die aus Polen und Russland stammenden Siedler, die den größten Teil der jüdischen Bevölkerung stellten, wunderten sich sehr über das Verhalten dieser neuen Einwanderer, in erster Linie über ihre Diszipliniertheit, die ihnen völlig fremd war. Und noch andere Eigenschaften der Deutschen waren für sie nicht weniger befremdlich: das hierarchische Denken, die große Zahl an Ärzten sowie die Unfähigkeit, Hebräisch zu lernen, die sie dazu veranlasste, unter sich zu bleiben und isoliert von der übrigen jüdischen Bevölkerung zu leben. Es lag also nahe, sich mit Witzen über sie lustig zu machen.

Hier einige Witze über die Deutschen der Dreißigerjahre. Einige sind in Frankreich kaum oder gar nicht bekannt. Der erste betrifft den Sinn für Disziplin.

– Ein Deutscher, der mit dem Zug von Tel Aviv nach Haifa gereist ist, stürzt gleich nach seiner Ankunft in Haifa auf den

Bahnhofsvorsteher zu: «Als ich meinen Platz reservierte, habe ich extra darauf hingewiesen, dass er in Fahrtrichtung sein müsse, weil das aus gesundheitlichen Gründen sehr wichtig für mich ist. Man hat mir aber einen Platz gegen die Fahrtrichtung zugewiesen.» – «Aber wenn das so wichtig für Sie ist», antwortet der Bahnhofsvorsteher, «konnten Sie doch einen anderen Reisenden bitten, die Plätze zu tauschen.» – «Das war nicht möglich: Ich war allein im Abteil», erklärt der Deutsche.

Der zweite Witz über Disziplin ist genauso der Fantasie entsprungen wie der erste.

– Ein deutscher Immigrant ohne gültige Papiere wird von jüdischen Polizisten der britischen Behörden verhaftet. Die Festnahme ist ihnen sehr unangenehm, und sie würden den Verhafteten gern loswerden. Sie bringen den Deutschen an einen Ort, wo sie allein mit ihm sind. Nach einer Weile sagt der eine Polizist: «Es ist so warm, ich habe Durst. Ich gehe einen Kaffee trinken.» Und er geht. Einige Minuten später sagt der andere Polizist: «Ich bin auch durstig.» Und er geht zu seinem Kollegen ins Café. Der Deutsche bleibt also allein zurück, aber rührt sich nicht von der Stelle. Die Polizisten beobachten ihn von Weitem und wundern sich über sein Verhalten. Schließlich schicken sie einen kleinen Jungen zu ihm hin, damit er ihn fragt, warum er nicht fliehe. «Ich bin doch verhaftet», antwortet er.

Über das ausgeprägte Hierarchiedenken hier die recht unbekannte Fassung eines unzählige Male erzählten Witzes.

– Ungeachtet ihres ursprünglichen Berufs arbeiteten viele Immigranten, einschließlich der deutschen, auf dem Bau. Auf einer Baustelle reicht ein Deutscher einem Landsmann, der eine bedeutende Persönlichkeit ist, die Backsteine. Jedes Mal, wenn er ihm einen Backstein zuwirft, ruft er: «Hier, fangen Sie, Herr Doktor!»

Nach einer Weile sagt der andere zu ihm: «Seien Sie doch nicht so förmlich. Lassen Sie den Herrn Doktor, sagen Sie einfach Doktor.»

Über die hohe Zahl an Ärzten unter den deutschen Juden erzählt der israelische Humorist Ephraim Kishon, bezogen auf diese Zeit der Dreißigerjahre, Folgendes:

In Haifa, das zum Großteil von deutschen Juden bewohnt ist, haben nicht die Ärzte ein Schild an ihrem Haus, sondern die übrigen Bewohner, um mitzuteilen, wann sie bereit sind, sie zu empfangen, zum Beispiel: «Sprechstunde für Ärzte von 17 bis 19 Uhr».

Die folgende Geschichte soll authentisch sein.

Als Palästina gemäß dem UN-Beschluss, der in der gesamten arabischen Welt auf Ablehnung stieß, geteilt wurde, sollte die Stadt Naharija dem arabischen Staat angehören.

– Der Bürgermeister von Naharija, einer jüdischen Stadt, die genauso deutsch ist wie Haifa, hielt eine Protestrede, in der er vehement erklärte: «Naharija bleibt deutsch!»

Der folgende Witz handelt wie viele andere von der Unfähigkeit der Deutschen, Hebräisch zu lernen.

– In der Zeit voller Unruhen, die dem Abzug der Briten und dem Unabhängigkeitskrieg Israels vorausging, führt ein deutscher Jude eine nächtliche Patrouille an; die Übrigen des Trupps sind Deutsche wie er. Irgendwann hört er ein verdächtiges Geräusch. Er fragt, natürlich auf Deutsch: «Wer da?» Eine Stimme antwortet auf Hebräisch. Worauf der Patrouillenchef schreit: «Sprechen Sie deutsch, oder ich schieße!»

B) Der Zweite Weltkrieg: die Jüdische Brigade. Während des Zweiten Weltkriegs stellten die Briten eine Jüdische Brigade aus Palästina auf, die an militärischen Operationen teilnahm. Ein französischer Jesuitenpater, der für die Juden und für Israel große Hochachtung und sogar Bewunderung empfand, erzählte im Zusammenhang mit dieser Brigade folgende Anekdote, die er als authentisch beschrieb.

– Die Engländer beschlossen eines Tages, einen Wettbewerb zwischen einer britischen und einer jüdischen Mannschaft zu veranstalten. Es ging darum, wer es zuerst schaffen würde, ein fest im Sand stecken gebliebenes Auto freizubekommen. Natürlich hatte man für beide Fahrzeuge die gleichen Bedingungen geschaffen.

Nach zehn Minuten hatten die Engländer einen Chef designiert, der sofort die Arbeit unter der Mannschaft verteilte. Die Juden waren damit beschäftigt, sich zu streiten. Zwei Stunden später war der Wagen der Engländer zum Teil frei geräumt, während die Juden weiter miteinander stritten und sich auf nichts einigen konnten. Drei Stunden später war bei den Engländern ein Ende in Sicht, während die jüdischen Soldaten noch keinen Schritt weitergekommen waren. Plötzlich hatte einer von ihnen eine Idee, und das Fahrzeug war nach wenigen Minuten freigelegt, während sich die Engländer noch immer abmühten, um ihre Arbeit zu beenden.

Wenn auch erfunden, zeigt diese Geschichte doch, dass jener Jesuitenvater an «die jüdische Intelligenz» glaubte, wie auch die Erwähnung der endlosen Streitereien die gute Kenntnis einer besonderen Eigenschaft bezeugt, die gemeinhin den Juden zugeschrieben wird (und auf die wir weiter unten erneut stoßen werden): die Tatsache, dass jeder zu allem eine Meinung hat.

II. Die ersten Jahre des Staates

Die Jahre, die auf das Ende des Unabhängigkeitskrieges folgten, waren sehr schwierige Jahre, vor allem in wirtschaftlicher Hinsicht. Die Immigranten trafen in Scharen ein, vor allem aus den arabischen Ländern. Obwohl man große Anstrengungen im Wohnungsbau unternahm, mussten viele dieser Einwanderer in Zeltlagern untergebracht werden, in den sogenannten Maabarot. Es handelte sich um Durchgangslager, aber der Aufenthalt dort konnte sich lange hinziehen. Hier einige Witze aus dieser Zeit.

1. Die Immigranten. Der folgende Witz wurde in den Fünfziger-jahren in Marokko erzählt.

– Ein junger Mann stellt einen Antrag bei der Jüdischen Agentur, um seinen Vater, der verrückt ist, als Emigranten nach Israel zu schicken. «Und warum kommen Sie nicht mit?», fragt ihn der Beamte. Die prompte Antwort: «Aber ich bin doch nicht verrückt.»

Es ist zu vermuten, dass dieser Witz von einem Beamten der Einwanderungsbehörde erfunden wurde, der es leid war, nur Alte, Kranke und Analphabeten nach Israel kommen zu sehen, während die meisten derjenigen, die ein gewisses Bildungsniveau besaßen, sich in Frankreich niederließen.

Einige Immigranten waren so enttäuscht, dass sie Israel nach einer Weile wieder verließen.

– Zwei Schiffe begegnen sich auf dem Mittelmeer, nahe der Hafenstadt Haifa. Das eine bringt Einwanderer nach Israel, das andere hat Auswanderer an Bord. Sämtliche Passagiere beider Schiffe sind an Deck. Jeder von ihnen tippt sich, als er die Passagiere des anderen Schiffes erblickt, mit dem Finger an die Stirn, um zu zeigen, dass er sie für verrückt hält.

Aus der Zeit der massiven Einwanderungswellen datiert auch der berühmte Witz mit den fünf Kühlschränken. Die Immigranten – und nur sie – hatten das Recht (und haben es bis heute), ohne Zollgebühren alle für einen Haushalt notwendigen oder nütz-lichen Gegenstände einzuführen, wie zum Beispiel einen Radio-apparat oder einen Kühlschrank. In diesem Zusammenhang ist daran zu erinnern, dass ein praktizierender Jude weder Fleisch und Milchprodukte zusammen in einer Mahlzeit verzehren noch Besteck und Geschirr dieser beiden Lebensmittel miteinander vermischen darf. Allerdings wird das Verbot, Schweinefleisch zu essen, weit mehr befolgt als die Trennung von Milch und Fleisch.

– Ein Immigrant kommt mit fünf Kühlschränken zum Zoll. «Warum fünf?», fragt ihn der Zollbeamte. Der Immigrant ant-wortet: «Ich bin sehr gläubig, ich brauche einen Kühlschrank für

Fleisch und einen für Milch.» *(In Wirklichkeit sind die religiösen Vorschriften gar nicht so streng.)* «Aber das sind ja erst zwei.» – «Ich muss auch das Fleisch und die Milch in dem speziellen Geschirr für das Passahfest trennen.» – «Aber wozu den fünften Kühlschrank?» – «Und wenn ich eine Scheibe Schinken essen möchte, wo soll ich den hintun?», sagt der Immigrant.

2. Die wirtschaftliche Lage: Austerität.   Es gibt zahlreiche Anekdoten über die wirtschaftliche Situation dieser Zeit. Einige sind heute bereits in Vergessenheit geraten.

– Am Tag des Unabhängigkeitsfestes ruft ein junger Mann auf der Straße: «Es lebe der Staat Israel!» Ein alter Mann antwortet ihm: «Ja, aber wovon?»

Juden, die beschlossen, Geld in Israel anzulegen, konnten dabei eher verlieren als gewinnen, daher das folgende Rätsel:

– Wie kommt man in Israel schnell zu einem kleinen Vermögen?

Antwort: Indem man mit einem großen Vermögen ankommt.

Ein weiteres Problem dieser Austeritätsperiode: Infolge des niedrigen durchschnittlichen Lebensniveaus und der hohen Steuern auf Importwagen gab es nicht nur wenige Automobile in Israel, sondern viele von ihnen waren auch sehr, sehr alt. Anfang der Sechzigerjahre gab es noch Taxis, die in einem Museum hätten stehen können – aber noch fuhren. In diesem Kontext ist folgender Witz zu verstehen.

– Ein reicher amerikanischer Landwirt besucht einen Verwandten, der ein kleines Stück Land in Israel bewirtschaftet, knapp anderthalb Hektar (150 Meter mal 100 Meter). Er sagt zu ihm: «Wenn ich morgens von meiner Farm mit dem Wagen losfahre, bin ich mittags noch nicht an der Grenze meiner Ländereien.» – «So einen Wagen hatte ich früher auch», antwortet ihm der Israeli.

Seitdem hat sich so einiges geändert. Heute ist man als ausländischer Besucher beeindruckt, wie viele große Limousinen es in

Israel gibt, zumal wenn man weiß, dass das Land über keine eigenen Erdölvorkommen verfügt.

Was den Eisenbahnverkehr anbelangt, ließ dieser in den ersten Jahren sehr zu wünschen übrig, vor allem in Hinblick auf die Fahrplandichte, was zu dem folgenden Witz angeregt hat.

– Seines Daseins müde, wollte ein Mann sich das Leben nehmen. Er beschloss, sich auf die Gleise der Eisenbahnstrecke Tel Aviv – Jerusalem zu legen, und starb … den Hungertod!

Der folgende, häufig erzählte Witz über die Armee hat nur Sinn, wenn man weiß, dass er in jener Austeritätsperiode spielt.

– Ein junger Mann möchte sich zur Marine melden. «Können Sie schwimmen?», wird er gefragt. «Warum? Haben Sie keine Schiffe?», fragt er zurück.

Ebenfalls auf jene Zeit des Sparens Bezug nehmend, erzählt Ephraim Kishon folgenden Witz, von dem mehrere und nicht nur jüdische Fassungen existieren.

– Ein amerikanischer Tourist schickt sich an, in die USA zurückzureisen, nachdem er seinen Neffen in Israel besucht hat. Dieser fragt ihn, welche Eindrücke er von seinem kleinen Land mitnimmt.

«Ich war sehr zufrieden mit allem», sagt der Amerikaner, «aber über eine Sache habe ich mich doch sehr gewundert. Hier redet man die ganze Zeit über die Arbeit, das Essen und die Wohnung. Bei uns in Amerika reden wir über Kunst, Literatur und Musik.»

«Kein Wunder», erwidert der Israeli, «jeder redet von dem, was er nicht hat.»

3. Ben Gurion. David Ben Gurion war einer der berühmtesten zionistischen Führer, die für die Gründung des Staates Israel gekämpft haben. Er war Israels erster Regierungschef und gab dieses Amt erst 1963 auf. Kein Wunder also, dass er für die Humoristen lange Zeit eine beliebte Zielscheibe war. Hier eine Auswahl von Witzen über ihn.

In den ersten Jahren nach der Staatsgründung waren die Touristen – fast ausnahmslos Juden – voller Begeisterung für alles, was sie in Israel sahen. Unterdessen hatten die neuen Einwanderer schwer mit den Problemen des Alltags zu kämpfen, die durch das bürokratische Gebaren der für sie zuständigen Beamten noch verschärft wurden, und waren daher weit weniger begeistert. Daraus erklärt sich der folgende Witz, die israelische Version eines nicht-jüdischen Witzes, den man sich in Frankreich in einem ganz anderen Kontext, nämlich unter der deutschen Besatzung, erzählte.

– David Ben Gurion stirbt und kommt in den Himmel. Dort ist alles sehr schön, aber er langweilt sich. Um sich ein wenig zu zerstreuen, bittet er darum, die Hölle besichtigen zu dürfen. Zu seinem großen Erstaunen begegnet er dort Leuten, die singen, tanzen, trinken und sehr glücklich wirken. Und so bittet er darum, in der Hölle bleiben zu dürfen. Man gibt ihm zu bedenken, dass er sich das gut überlegen solle, denn wenn er sich entschließe, in die Hölle zu gehen, werde seine Entscheidung unwiderruflich sein.

Ben Gurion bleibt bei seinem Entschluss. Und im selben Augenblick, da er in die Hölle aufgenommen wird, zeigt sich diese in ihrer ganzen Entsetzlichkeit. «Aber vorher war das doch ganz anders!», ruft er aus. «Vorher warst du Tourist, jetzt bist du ein neuer Immigrant», erhält er zur Antwort.

Der zweite Witz hat ebenfalls mit der damaligen wirtschaftlichen Lage zu tun.

– Nach der ersten Regierungsbildung Israels beklagt sich ein Freund von Ben Gurion bei diesem, dass er nicht zum Minister ernannt worden ist. «Tut mir leid, aber alle Posten sind besetzt», erwidert der Regierungschef. «Dann ernenne mich zum Kolonialminister», drängt ihn der andere weiter. «Aber wir haben doch gar keine Kolonien.» – «Na und? Du hast ja auch kein Geld und trotzdem einen Finanzminister!»

Andere Witze waren von Ben Gurions Frau Paula inspiriert, die im Ruf stand, nicht sehr gebildet zu sein. Hier zwei Beispiele:

– Eines Tages wurde Paula Ben Gurion gefragt, ob ihr *Die Hochzeit des Figaro* gefallen habe. Sie antwortete, dass sie nicht die Zeit habe, auf alle Hochzeiten zu gehen, zu denen sie eingeladen werde, und sich deshalb damit begnüge, Blumen zu schicken.

– Einmal kamen sie und ihr Mann zu spät zu einem Konzert. «Was wird da gerade gespielt?», fragte sie ihren Nachbarn. «Die Neunte Symphonie von Beethoven.» Worauf sie sich zu ihrem Mann umwandte und sagte: «Gehen wir nach Hause. Wir haben die ersten acht Symphonien eh schon versäumt.»

4. Die Delegierten.   In den ersten Jahren des Staates Israel mussten wichtige Ämter mit Männern und Frauen besetzt werden, die auf ihre neuen Aufgaben nicht vorbereitet waren. So mussten Kibbuzmitglieder, die zu Botschaftern ernannt worden waren, sich eiligst ein Minimum an Informationen über die Gebräuche in der Diplomatenwelt aneignen. Der folgende Witz stammt aus dieser Zeit.

– Einem Mann, der zu einer Delegation gehörte, die an einer internationalen Versammlung teilnehmen sollte, wurde folgender Ratschlag erteilt:

«Denken Sie nicht, dass Sie die Leute, denen Sie begegnen werden, beeindrucken können, indem Sie ihnen erzählen, dass Sie seit zwanzig Jahren in Ihrem Land leben. Die anderen leben dort seit ihrer Geburt.»

III.   Israel heute

1. Die Konsumgesellschaft.   Das Wirtschaftswachstum Israels hat seitdem derartige Fortschritte gemacht, dass das Bruttoinlandsprodukt pro Kopf heute ein Niveau erreicht hat, das mit dem vieler westeuropäischer Länder vergleichbar ist. Obendrein ist bei den Israelis, wohl als Ausgleich für die Atmosphäre ständiger Bedrohung, in der sie leben, eine Nachfrage an materiellen Gütern zu verzeichnen, die ihre Mittel weit übersteigt.

Ein typischer Aspekt des heutigen Israels ist der Boom von Einkaufszentren für Luxusartikel. Wenn jemand Verwandte oder

Freunde in Israel besucht, was wird ihm dann voller Stolz gezeigt? Das neue Einkaufszentrum.

Wie in anderen Ländern mit hohem Lebensstandard wird es auch hier immer schwieriger, einen Handwerker zu finden, der bereit ist, wegen einer kleinen Reparatur ins Haus zu kommen. Darauf bezieht sich auch das folgende Rätsel von Ephraim Kishon:

– Was ist der Unterschied zwischen einem Klempner und dem Messias? Antwort: Der Messias wird eines Tages kommen.

Ein anderer Witz von derselben Art:

– Ein Klempner kommt zu einem Arzt, um eine Reparatur vorzunehmen. Als er ihm die Rechnung präsentiert, wundert sich der Arzt über die Höhe der Anfahrtskosten. «Ich berechne viel weniger für einen Hausbesuch», sagt er zum Klempner. «Ich weiß!», erwidert dieser. «Das tat ich auch, als ich noch Arzt war.»

2. Die Zeit der galoppierenden Inflation. In Israel gab es eine Periode der Hyperinflation, die in ihrer kritischsten Phase eine jährliche Inflationsrate von rund vierhundert Prozent erreichte. Diese Situation lieferte den Humoristen natürlich reichlich Nahrung.

Da der Kurs des Israelischen Pfund völlig einbrach und gegen null ging (der «Neue Schekel» entspricht zehntausend Pfund der Inflationsperiode), gab es damals den Spruch:

– Was ist der Unterschied zwischen einem Pfund und einem Dollar? Antwort: Ein Dollar.

Natürlich wurde auch gegen den damaligen Finanzminister Joram Aridor gestichelt.

– «Wenn ich nicht Minister wäre», sagte Aridor, um seine Landsleute in Bezug auf die wirtschaftliche Lage zu beruhigen, «würde ich jetzt Aktien kaufen.» Worauf ein Börsenmakler erwiderte: «Ich würde auch Aktien kaufen, wenn Aridor nicht Minister wäre.»

Um den nachfolgenden Witz zu verstehen, muss man wissen, dass die praktizierenden Juden am Sabbat kein Geld anrühren dürfen.

– In der Zeit, als die Inflation ihren Höhepunkt erreichte, hieß es, das Rabbinat habe beschlossen, dass die Juden fortan zehn Israelische Pfund am Sabbat ausgeben dürften, weil zehn Pfund schon gar kein Geld mehr waren.

Hier ein letzter Witz aus dieser Zeit:
– Ein amerikanischer Astronaut landet auf dem Mars. Er ist völlig erstaunt, als er dort einem Israeli begegnet.
«Wie haben Sie es geschafft, vor mir hier einzutreffen?», fragt er ihn. «Ich bin mit den Preiserhöhungen in meinem Land heraufgekommen.» Und wie werden Sie wieder nach unten gelangen?» «Mit dem Kurs des Israelischen Pfund.»

3. Der bittere Humor der Immigranten aus der ehemaligen UdSSR. Viele Immigranten aus Russland und anderen Ländern der ehemaligen Sowjetunion hatten in der Anfangszeit ihres Lebens in Israel zahlreiche Probleme zu bewältigen, insbesondere das, eine Arbeit zu finden, die zum einen ihrer Ausbildung entsprach, zugleich aber auch mit den Bedürfnissen des Landes vereinbar war. So kann Israel es sich zum Beispiel nicht leisten, mehrere Dutzend Symphonieorchester zu unterhalten. Vor allem in den ersten Jahren musste man daher jedwede Arbeit akzeptieren, um seinen Lebensunterhalt zu verdienen. Die einzigen in dieser Hinsicht Begünstigten waren die Hochleistungssportler, von denen sich Israel erhoffte, bei den Olympischen Spielen endlich mit achtbaren Ergebnissen aufwarten zu können.

Der folgende Witz ist bezeichnend für den schwarzen Humor dieser Immigranten.
– Der irakische Diktator Saddam Hussein entgegnet auf die gegen ihn erhobenen Vorwürfe: «Nein, die russischen Wissenschaftler, die ich in den Irak hole, benutze ich nicht, um die Atombombe zu bauen. Ich verwende sie, wie es die Israelis tun, um die Straßen zu fegen und die Treppenhäuser aufzuwischen.»

IV. Weitere Themen des israelischen Humors

Einige Themen des israelischen Humors stehen nicht in Zusammenhang mit einer bestimmten Zeit, sondern beziehen sich auf ständige Probleme.

1. Drei wichtige Themen: die Armee, die Religion, die Politik. *A) Die Armee.* Der folgende Witz betrifft eher die jiddischsprachigen Israelis, die noch mehr als die Übrigen im Ruf stehen, zu allem eine Meinung zu haben. Aber man kann ihn auch in diese Rubrik einordnen.

– Im Hauptquartier signalisiert ein in mehreren Sprachen verfasstes Schild, dass der Zutritt verboten ist. Jeder Text spiegelt das Wesen der entsprechenden Sprache wider. So heißt es da auf Deutsch: «Eintritt streng verboten». Und der jiddische Text bedeutet: «Sie werden gebeten, dem Generalstabschef keine Ratschläge zu erteilen».

Der folgende, wohlbekannte Witz betrifft eher die Religion.

– Bei seinem Besuch in einem Lager der Armee zeigt sich ein Rabbi um die ausreichende Trennung zwischen Frauen und Männern besorgt. «Da können Sie ganz beruhigt sein», wird ihm gesagt, «zwischen dem Lager der Frauen und dem der Männer liegt ein Wald.» – «Genau dieser Wald macht mir Sorgen», erwidert der Rabbi.

B) Die Religion. Nicht nur die Konflikte zwischen Laien und Gläubigen sind Anlass für Witze, sondern auch die – manchmal sehr heftigen – Streitgespräche zwischen den Gläubigen selbst, etwa zwischen zwei inzwischen verstorbenen Neunzigjährigen: dem Rabbiner Shakh, der in Israel lebte, und dem Rabbiner, der unter dem Namen «Rabbi von Lubawitsch» bekannt wurde und in New York lebte, wobei jeder der beiden fest überzeugt war, dass er dem anderen überlegen sei. Der Erstere nannte den Letzteren einen Betrüger, weil dieser seinen Anhängern widerspruchslos die Behauptung gestattete, dass er der Messias sei. Daher der folgende Witz, der mir, das möchte ich ausdrücklich betonen, von einer strenggläubigen Person erzählt wurde.

– Der Rabbiner Shakh fragt eines Tages den Rabbi von Lubawitsch: «Woher weißt du, dass du der Messias bist?» – «Gott selbst hat es mir gesagt», antwortet dieser. Der Rabbiner Shakh überlegt einen Moment und sagt: «Ich kann mich nicht erinnern, dir das gesagt zu haben.»

C) Die Politik. Die Politik stellt natürlich eine unerschöpfliche Quelle für den Humor dar. Hier ein Witz, der aus den Sechzigerjahren stammt. Der Regierungschef Levi Eschkol, der Nachfolger von Ben Gurion, stand in dem Ruf – den er, wie er eines Tages bewies, nicht verdiente –, ein zögerlicher Mensch zu sein, der nicht fähig war, Entscheidungen zu treffen.

– Levi Eschkol reist in seinen Geburtskibbuz, um dort einige Tage zu verbringen. Wie alle anderen Mitglieder muss auch er arbeiten. Man bittet ihn, einen Graben auszuheben. Am Ende des Tages hat er ein derartiges Pensum geleistet, dass man sich sagt, einen Mann in diesem Alter könne man unmöglich weiter so hart körperlich arbeiten lassen. Und so betraut man ihn mit einer anderen Aufgabe: Äpfel sortieren. Am Ende des ersten Tages in dieser neuen Tätigkeit stellt man fest, dass er im Ganzen gerade mal drei Äpfel sortiert hat. «Wie kommt das, wo du doch gestern beim Grabenausheben so viel geschafft hast?» – «Gewiss, aber hier muss man Entscheidungen treffen», antwortet er.

Über lange Jahre war Josef Burg, einer der Führer der Nationalreligiösen Partei, die damals mit der Israelischen Arbeiterpartei verbündet war, nicht aus seinem Amt als Innenminister zu verdrängen, was zu folgendem Witz angeregt hat:

– Der bereits hochbetagte Josef Burg fragt seinen sechsjährigen Enkel, was er einmal werden möchte, wenn er groß ist. «Ich möchte Innenminister werden», antwortet der Junge. «Das geht nicht», sagt Burg trocken, «der Posten ist besetzt.»

Auch David Levi, der Bauarbeiter war, bevor er Minister wurde, und folglich eine nicht sehr umfangreiche Allgemeinbildung besaß, hat die Erfinder von Witzen in hohem Maße inspiriert.

– Im Verlauf einer der Reisen, die David Levi in die USA unternahm, sagte seine Frau, die ihn begleitete, irgendwann zu ihm: «Du hast deine Versammlungen, du machst interessante Dinge. Aber ich langweile mich hier.» Eines Tages kommt David Levi freudestrahlend in sein Hotel zurück und sagt zu seiner Gattin: «Zieh dir deinen Badeanzug an, heute Abend gehen wir zum *Schwanensee*.»

Um den folgenden Witz zu verstehen, sei daran erinnert, dass der ehemalige israelische Regierungschef Jitzchak Schamir stets jede Art von Zugeständnis, das Westjordanland und den Gazastreifen betreffend, entschieden abgelehnt hat.

– Eines Tages, als George Bush, Michail Gorbatschow und Jitzchak Schamir bei einer Unterredung sitzen, erscheint ihnen plötzlich Gott und sagt zu ihnen: «Ich habe genug von euren Streitereien. Ich bin es leid, wie sich die Menschen betragen. In drei Tagen sprenge ich die Erde in die Luft.»

Am selben Abend erscheint Bush mit sehr ernster Miene im amerikanischen Fernsehen und verkündet seinen Landsleuten: «Ich habe eine gute und eine schlechte Nachricht für euch. Die gute Nachricht: Ich habe den Beweis, dass Gott existiert, er ist mir erschienen. Die schlechte Nachricht: Die Erde wird in drei Tagen in die Luft fliegen.» Ein ebenso ernster Gorbatschow erklärt im sowjetischen Fernsehen: «Ich habe eine schlechte und eine sehr schlechte Nachricht für euch. Die schlechte Nachricht: Gott existiert, er ist mir erschienen. Damit hat unsere gesamte antireligiöse Politik ihre Berechtigung verloren. Die sehr schlechte Nachricht: Er wird in drei Tagen die Erde in die Luft sprengen.»

Im israelischen Fernsehen erscheint Schamir mit einem strahlenden Lächeln und verkündet den Israelis: «Ich habe eine gute und eine wunderbare Nachricht für euch. Die gute Nachricht: Ich habe den Beweis, dass Gott existiert, er ist mir erschienen. Die wunderbare Nachricht: Wir brauchen die besetzten Gebiete nicht zu räumen.»

2. Noch einige andere Themen. *A) Der Fiskus.* Wie alle Bewohner aller Länder der Welt finden auch die Israelis, dass sie zu viel Steuern zahlen (und tatsächlich zahlen sie enorm viel Steuern). Dennoch war es möglich, einen Witz zu erfinden, der speziell auf ihr Land gemünzt ist.

– Ein nichtjüdischer Tourist hat von der Klagemauer reden gehört. Da er sich nicht mehr genau erinnert, worum es sich dabei handelt, fragt er jemanden nach dem Ort, den die Juden aufsuchen, um zu weinen. Daraufhin schickt man ihn … zum Finanzamt.

B) Die Hilfe von außen und die Sponsoren. Aus mehreren Gründen, vor allem aber wegen der permanenten Bedrohung, ist Israel auf die finanzielle Unterstützung durch die USA angewiesen. Diese Situation hat folgenden Witz inspiriert.

– Während einer seiner Reisen in die USA sieht der israelische Finanzminister auf der Straße einen Bettler und will ihm Geld geben. Dieser lehnt ab und sagt zu ihm: «Ich habe Sie erkannt. Von einem Kollegen nehme ich nie Geld an.»

Im Übrigen werden in Israel viele Gebäude (zum Beispiel ein Labor an einer Universität) dank der Schenkungen reicher Juden aus der Diaspora errichtet. Am Eingang jedes dieser Gebäude erinnert eine Tafel an den Sponsor. Auf dieses Phänomen bezieht sich folgender Witz.

– Der Bau eines neuen Militärflugzeugs ist geplant. Aber die Schätzungen für die Kosten zum Bau eines Prototyps sind so hoch, dass das Projekt nicht realisierbar scheint.

«Starten wir doch einen Appell an zehntausend jüdische Sponsoren in Amerika!», schlägt jemand vor.

«Dann wird das Flugzeug nie abheben können», bemerkt ein Teilnehmer der Versammlung.

«Warum nicht?»

«Haben Sie mal den Raum und das Gewicht von zehntausend Marmortafeln mit den Namen der Sponsoren berechnet?»

Der folgende Witz handelt von demselben Problem.

– Der deutsche Regierungschef Willy Brandt besucht Israel. In Tel Aviv zeigt man ihm den großen Konzertsaal, das Mann-Auditorium. «Ich freue mich, dass Sie diesen Saal nach dem großen Schriftsteller Thomas Mann benannt haben», sagt er.

«Nein, das ist nicht Thomas Mann. Es handelt sich um einen anderen ‹Mann›», erhält er zur Antwort.

«Und was hat der geschrieben?», erkundigt sich Willy Brandt.

«Einen dicken Scheck.»

C) Die großen Verwaltungen.   Die überwiegende Mehrheit der israelischen Bevölkerung ist im Dienstleistungssektor beschäftigt. Das ist zwar in allen wirtschaftlich hoch entwickelten Ländern so, aber in Israel ist dieses Phänomen besonders frappierend, unter anderem weil einige staatliche, aber auch private Verwaltungen eine hohe Anzahl von Angestellten beschäftigen. Das gilt insbesondere für die Jüdische Agentur (eine Organisation, die älter als der Staat Israel ist, aber bis heute eine wichtige Rolle spielt) und für den Dachverband der israelischen Gewerkschaften, die Histadrut.

Die Humoristen können sich natürlich gar nicht genug über all diese Organisationen mokieren. Neben den neu erfundenen Witzen werden manchmal auch Witze anderer Herkunft adoptiert und adaptiert. Der erste der folgenden Witze kann sich auf alle möglichen Verwaltungen beziehen.

– In einem Raum tun drei nichts, und einer arbeitet.

Worum handelt es sich?

Antwort: Um drei Angestellte und einen Ventilator.

Die beiden folgenden Witze sticheln gegen die Jüdische Agentur.

– Ein Mann ruft jeden Vormittag bei der Jüdischen Agentur an und erreicht nie jemanden.

Eines Tages versucht er sein Glück am Nachmittag, und jemand nimmt den Hörer ab.

«Arbeiten Sie denn vormittags nicht?», fragt er.

«Vormittags kommen wir nicht, nur nachmittags arbeiten wir nicht», wird ihm darauf geantwortet.

In Israel wie auch in anderen Ländern dieser Region ist es in den Verwaltungen von jeher üblich, dass den Angestellten ein Tee serviert wird. Ein Mann ist mit dieser Aufgabe betraut. Davon handelt der zweite Witz über die Jüdische Agentur und auch der darauffolgende über die Histadrut.

– Wie sieht ein Bummelstreik in der Jüdischen Agentur aus? Die Angestellten trinken ihren Tee Löffelchen für Löffelchen.

Was die Histadrut anbelangt, so ist sie weit mehr als eine Arbeitergewerkschaft. Sie verwaltet die Krankenkasse (heute allerdings neben anderen Konkurrenten) und besitzt auch Fabriken. In ihrem Sitz in Tel Aviv beschäftigt sie ein gewaltiges Personal, was zu folgendem Witz angeregt hat.

– In Tel Aviv entkommt eines Tages ein Löwe aus dem Zoo und findet schließlich in dem Gebäude der Histadrut Zuflucht. Um zu überleben, frisst er jeden Tag einen Angestellten. Die Angestellten sind so zahlreich und so nutzlos, dass das überhaupt niemandem auffällt. Doch eines Tages begeht der Löwe einen Irrtum, der ihm zum Verhängnis wird: Er frisst den Angestellten, der den Tee austeilt.

Im Übrigen beschäftigen die Kibbuzim häufig – entgegen ihren ursprünglichen Prinzipien – Arbeitnehmer, die, wie auch die Mitglieder dieser Kollektive, der Histadrut angehören. Aber die Kibbuzmitglieder sind, weit mehr als ihre Beschäftigten, sehr bewusste Gewerkschafter, woraus sich eine der originellsten Seiten Israels ergibt, auf die hier hinzuweisen ist:

– Israel ist das einzige Land, in dem man am 1. Mai Arbeiter am Straßenrand sehen kann, die ihren Chefs applaudieren, während diese hinter einer roten Fahne an ihnen vorbeidefilieren.

Was die Kupat Cholim (die Krankenkasse) anbetrifft, so macht man sich eher über ihr schlechtes Funktionieren lustig. Die Israelis beklagen sich sehr darüber. Dennoch sei vermerkt, dass die

Lebenserwartung der Männer in Israel zu den höchsten der Welt gehört.

Hier nun, was man sich über die Kupat Cholim erzählt.

– Es wird bisweilen behauptet, dass die Kupat Cholim für gesunde Leute gedacht sei. Das stimmt. Man muss schon bei guter Gesundheit sein, um frühmorgens in den Autobus zu steigen, eine beschwerliche Fahrt auf sich zu nehmen, anschließend eine Stunde lang in einer Warteschlange zu stehen, um eine Wartenummer zu erhalten, und danach noch einmal lange auf einer schmalen, unbequemen Bank sitzend zu warten, bis man an der Reihe ist.

V. Einige Charakterzüge der Israelis

Zum Abschluss hier einige Betrachtungen über die Israelis von heute.

1. Mit den Händen reden. Die Juden, vor allem die jiddischsprachigen, stehen in dem Ruf, mit den Händen zu reden. Daher folgende Anekdote:

– In den Autobussen von Tel Aviv rät ein Schild: «Reden Sie nicht mit dem Fahrer. Er kann Ihnen nicht antworten: Er braucht seine Hände zum Fahren.»

2. Das Autofahren. Die israelischen Autofahrer stehen unter anderem in dem Ruf, kein bisschen Geduld zu haben. Hier also, was über sie gesagt wird:

– Was ist die kleinste vorstellbare Zeitspanne? Es ist die Zeit, die in Israel von dem Moment, wo die Ampel auf Grün schaltet, bis zu dem Moment verstreicht, wo der erste ungeduldige Autofahrer zu hupen beginnt.

In einer anderen Fassung wird derselbe Satz als Definition für eine Nanosekunde (den milliardsten Teil einer Sekunde) angeführt.

3. Die Höflichkeit. Die Israelis sind sehr direkt und verlieren keine Zeit mit höflichem Scharwenzeln. Das bereitet ihnen sicherlich Probleme bei Geschäftsverhandlungen, zum Beispiel mit den Japanern, die niemals Nein sagen und deren Worte man folglich richtig zu deuten wissen muss.

«Höflichkeit ist Heuchelei», sagen manche jungen Leute. Hier also ein Witz über die Höflichkeit der Israelis.

– Bei einem internationalen Treffen haben sich vier Delegierte – ein Inder, ein Amerikaner, ein Russe und ein Israeli – zu einer Unterredung versammelt. Ein Journalist kommt hinzu und fragt sie: «Meine Herren, könnten Sie mir bitte Ihre Meinung zur Fleischknappheit in den armen Ländern sagen?» – «Was ist das, Fleisch?», sagt der Inder. «Was ist das, eine Knappheit?», sagt der Amerikaner. «Was ist das, eine Meinung?», fragt der Russe. Und der Israeli fragt, was das Wort «bitte» bedeute.

Kapitel VI

Und der sephardische Humor?

Der in den vorangegangenen Kapiteln beschriebene Humor war im Wesentlichen aschkenasisch und, was Israel anbetrifft, teilweise aschkenasisch und zum Teil spezifisch israelisch. Es existiert auch ein sephardischer Humor, charakteristisch für die Nachfahren der 1492 aus Spanien vertriebenen Juden, die sich hauptsächlich in Nordafrika ansiedelten. Diese Juden sprachen je nach Land Jüdisch-Spanisch oder Jüdisch-Arabisch.

Der sephardische Humor unterscheidet sich deutlich von dem aschkenasischen Humor, der in einer Umgebung entstand, in der man Jiddisch sprach. Die sephardische Literatur ist zwar sehr reich, aber sie dreht sich nur in ganz seltenen Fällen um den Humor. Sie umfasst viele Geschichten und Lieder sowie Sprichwörter und Bonmots. Und es existieren einige Anekdoten, die einen zum Lachen bringen sollen.

Humor findet sich auch in den Sprichwörtern und Bonmots, aber wie wir sehen werden, sind diese in vielen Fällen nicht spezifisch jüdisch, oder aber sie decken sich mit den Ausdrucksformen des aschkenasischen Humors. Die Mischung verschiedener Folkloren ist übrigens eines der charakteristischen Merkmale des sephardischen Humors.

I.   Einige Anekdoten

1. **Die Inquisition.**   Die beiden folgenden Geschichten sind innerhalb des sephardischen Humors als eine Randerscheinung zu werten.

– In der Zeit der Inquisition wird ein Konvertit, den man verdächtigt, heimlich weiter die jüdischen Riten zu befolgen, vor den Großinquisitor geführt. «Nicht ich, sondern Gott wird über dein Schicksal entscheiden», sagt Letzterer. «Hier sind zwei zusammengefaltete Zettel. Auf dem einen steht ‹unschuldig›. Wenn du diesen Zettel wählst, bist du frei. Auf dem anderen steht ‹schuldig›. Wenn du diesen Zettel wählst, wirst du verbrannt.»

Der Angeklagte ahnt sehr wohl, dass auf beiden Zetteln das Wort «schuldig» steht. Plötzlich hat er eine Idee: Er nimmt einen der beiden Zettel und verschluckt ihn. Dann sagt er zum Großinquisitor: «Lasst sehen, was auf dem übrig gebliebenen Zettel steht. Wenn ‹unschuldig› draufsteht, bedeutet das, dass ich den Zettel gewählt habe, auf dem ‹schuldig› steht. Und wenn ‹schuldig› draufsteht, bedeutet dies, dass ich unschuldig bin.»

Die zweite Anekdote ist ein schönes Beispiel für schwarzen Humor.

– Der zum Tode verurteilte Jude sagt zum Henker: «Wenn du dich so ungeschickt dabei anstellst, mich zu erdrosseln, will ich lieber lebendig verbrannt werden.»

2. Weitere Geschichten.   Man kann der Meinung sein, dass die folgende Geschichte nichts spezifisch Jüdisches hat. Erzählt werden könnte sie – die Erscheinung des Rabbiners einmal ausgenommen – über irgendeine Bevölkerung in einer abgeschiedenen, vollständig von der modernen Welt abgetrennten Umgebung, die noch lange nicht auf der Stufe des Mittelalters angelangt ist. Dennoch wurde sie mir in Marokko als eine jüdische Geschichte erzählt.

– Eine Frau geht auf den Markt und findet dort einen Spiegel – einen Gegenstand, den sie zum ersten Mal in ihrem Leben sieht. Begeistert kauft sie ihn und hängt ihn, deutlich sichtbar, zu Hause an die Wand. Als ihr Mann nach Hause kommt, sieht er sich im Spiegel und schreit: «Hier ist noch ein anderer Mann. Ich werde die Scheidung einreichen.» Und er geht, um den Rabbi zu holen. Als dieser eintrifft, sieht er sich im Spiegel und sagt sehr verärgert: «Warum hast du mich gerufen? Hier ist doch schon ein Rabbiner.»

Nachfolgend noch einige andere Witze und Geschichten, die in der sephardischen Literatur zu finden sind.

– Um seine Nachbarn zu beeindrucken, tut ein Analphabet so, als würde er an seinen Bruder schreiben. «Aber du kannst doch gar nicht schreiben», bekommt er zu hören. «Das macht nichts. Mein Bruder kann nicht lesen», erwidert er.

– Ein Rabbiner bittet regelmäßig Gott darum, ihn bei der Lotterie gewinnen zu lassen. Nachdem seine Bitte nie erhört wurde, beklagt er sich eines Tages bei Gott, der ihm antwortet: «Aber du hast ja auch nie ein Los gekauft.»

Was die Geschichten über den naiv-weisen Spaßmacher Djuha oder Dschuha (es existieren noch andere Schreibweisen) betrifft, sind sie eindeutig in der arabischen Volksliteratur beheimatet, wobei einige von ihnen auch sehr stark an die aschkenasischen Anekdoten über Herschel Ostropoler oder die Bewohner von Helm erinnern. Es gibt auch eine Geschichte über Djuha, in der ihm der Mantel gestohlen wird und die der Geschichte von Herschel Ostropoler in der Herberge entspricht, als man sich weigert, ihm ein Essen zu servieren (siehe S. 23). Ähnliches gilt für die Geschichte von dem Mann, der auf einem Wagen mitgenommen wird und sein Bündel nicht ablegen will, um das Pferd, das den Wagen zieht, nicht noch mehr zu ermüden, oder die Geschichte von dem Mann, der seinem Esel immer weniger zu fressen gibt, oder die von der Frau, die mit ihren vielen Kindern in einem kleinen Zimmer lebt und die der Rabbi auffordert, auch noch die Ziege mit hineinzunehmen – all diese Geschichten findet man in der aschkenasischen Volksliteratur und einige von ihnen auch woanders.

Hier einige Witze neueren Datums über die Juden von Marokko. Die ersten beiden betreffen die Universität.

– Ein Großvater ist höchst erstaunt, als er hört, dass sein Enkel ein Stipendium erhalten hat, um an der Universität zu studieren.

«Die Franzosen sind verrückt!», ruft er aus. Für ihn ist Studieren ein Vergnügen. Und jemanden zu bezahlen, als würde er arbeiten, nur damit er etwas tut, was ihm gefällt, das ist ihm völlig unbegreiflich.

Der zweite Witz ist ganz anders.

– «Schlaf, mein kleines Diplom!», sagt die Großmutter zu ihrem Enkel, während sie ihn in den Armen wiegt. Als jemand sie fragt, warum sie ihm diesen Namen gibt, antwortet sie: «Meine Tochter ist zur Universität gegangen, um ein Diplom zu machen, und heimgebracht hat sie das hier.»

Andere Witze und Anekdoten verweisen auf die Probleme der marokkanischen Juden in den ersten Jahren nach ihrer Ankunft in Israel.

– Das Leben in den «Maabarot»* war hart, und viele Marokkaner wollten in ihr Ursprungsland zurückkehren. David Ben Gurion beschloss deshalb, ein Lager inkognito zu besuchen, um einen Eindruck von den tatsächlichen Verhältnissen zu gewinnen. Ein Marokkaner, den er befragte, erkannte ihn und versicherte ihm, um ihn zu erfreuen, dass alles in Ordnung sei und es ihm an nichts fehle. Und er fügte hinzu, er wünsche sich lediglich, Ben Gurion zu treffen, um ihm dafür zu danken, dass er ihn in das Land seiner Vorfahren zurückgeholt hat. Erfreut sagte der Regierungschef zu ihm: «Ich bin Ben Gurion. Sag mir nur, was du dir wünschst, ich werde dir deinen Wunsch erfüllen.» – «Einen Reisepass, um nach Marokko zurückzukehren», antwortete der Marokkaner, ohne zu zögern.

II. Sprichwörter und Bonmots

Die folgenden Sprichwörter sind einem Werk über die Juden Tunesiens entnommen.

– Ist das Geld weg, bleibt der Wahnsinn (*Geld überdeckt alle Fehler*).

---

* Durchgangslager. *Anm. d. Verf.*

Wind und Meer haben Streit, die Boote den Schaden *(bei einem Konflikt zwischen Großen haben die Kleinen die Folgen zu tragen)*.

Er hält ein Sieb vor die Sonnenstrahlen *(er will die Tatsachen unbedingt verschleiern)*.

Da fangen die Fliegen an zu husten *(um sich über die kleinen Leute lustig zu machen, die sehr wichtig tun)*.

Ging jemand fort und kehrt zurück, ist's, als wäre er nie fort gewesen *(die Wiedersehensfreude lässt die Abwesenheit vergessen)*.

Der eine melkt die Ziege, der andere hält ihre Hörner *(um sich über die lustig zu machen, die sich zu mehreren zusammentun, um eine kleine Aufgabe zu erledigen)*.

Hier noch andere Sprichwörter und Bonmots, die in Jüdisch-Spanisch verfasst wurden.

Als Erstes möchte ich folgendes Bonmot zitieren, das besondere Beachtung verdient:

– In dieser Welt leiden wir, weil wir Juden sind, in der anderen werden wir leiden, weil wir es nicht genügend waren.

Und hier weitere.

– Ein Verrückter wirft einen Stein in einen Brunnen; hundert Weise können ihn nicht herausholen.

Die Besitztümer meines Vaters verdecken meinen Buckel.

Wer als Kind den Magen sich verdirbt, mitnichten stirbt.

Ebenso: Wenn der Vater dem Sohn gibt, lacht der Vater und lacht der Sohn. Wenn der Sohn dem Vater gibt, weint der Sohn und weint der Vater.

Aber was ist daran spezifisch jüdisch? Sicher kann man sich diese Frage auch in Bezug auf andere Sprichwörter und Bonmots stellen, die weiter oben oder im weiteren Verlauf zitiert werden.

– Aus Furcht vor den Spatzen sät er keinen Weizen *(gegen die Zaghaften)*.

Eine Mutter, die Schlangen geboren hat, erbarmt sich ihrer *(eine Mutter bleibt eine Mutter – vor allem eine jüdische Mutter, würde ein Aschkenase hinzufügen)*.

Die vorangegangenen Texte, von denen die meisten Artikeln und Büchern entnommen sind, die von Spezialisten der sephardischen Literatur und des sephardischen Humors verfasst wurden, vermitteln insgesamt den Eindruck, dass der jüdische Wesenscharakter dieses Humors vor allem in der Sprache liegt, im Jüdisch-Arabischen oder Jüdisch-Spanischen. Viele Themen sind nicht wirklich jüdisch, sondern universal.

Kapitel VII

Zeitlose und universale Themen

Einige Witze, die zweifellos dem jüdischen Humor angehören, lassen sich keinem Land und keiner Epoche zuordnen, oder sie sind jeweils in mehreren Ländern und Epochen anzutreffen. Folglich muss man sie nach Themen geordnet präsentieren.

I. Die Religion

1. Die Beachtung des Sabbats. Die Regeln für den Sabbat, vor allem jene zur Einhaltung der Ruhe und zum Verbot zu arbeiten, sind sehr streng. Aber da die Weisen des Talmuds unmöglich für alles Vorsorge treffen konnten – sie kannten zum Beispiel keine Elektrizität –, war es nötig, die antiken Texte auszulegen. So führte das Verbot, am Sabbat ein Feuer zu entzünden, zum Verbot, elektrische Geräte einzuschalten, also auch einen Aufzug zu benutzen.

Kritisiert der nachfolgende Witz diese Deutung, oder mokiert er sich über die höchst ungeschickte Antwort auf eine Frage?

– An einem Sabbat kehrt Herr Goldstein, ein alter Mann, von der Synagoge nach Hause zurück. Er wohnt im sechsten Stock und beginnt, zu Fuß die Treppen hinaufzusteigen, was ihn sehr anstrengt. Als er im dritten Stock anlangt, ist er so erschöpft, dass er sich an die Wand lehnen muss. Eine Nachbarin kommt heraus und fragt ihn: «Herr Goldstein, warum nehmen Sie denn nicht den Aufzug?» Worauf sie folgende Antwort erhält: «Heute ist doch Ruhetag.»

2. Die Synagoge und der Gottesdienst an Jom Kippur. Nichtjuden, die eine Synagoge betreten, bemerken mit Erstaunen, dass dort nicht Stille wie in einer Kirche herrscht. Die Leute reden miteinander.

Hier zwei Witze, die damit zu tun haben.

– Ein Firmenchef weist am Tag vor Jom Kippur seinen nichtjüdischen Assistenten darauf hin, dass er den ganzen nächsten Tag in der Synagoge bleiben und unter gar keinen Umständen gestört werden wolle.

Am Nachmittag des folgenden Tages kommt der Assistent ganz aufgeregt in die Synagoge gerannt und tut alles, um seinen Chef auf sich aufmerksam zu machen. Als dieser schließlich zu ihm herüberkommt, teilt er ihm mit, dass der Kurs einer bestimmten Aktie auf 120 gefallen sei und dass schnellstens eine Entscheidung getroffen werden müsse. Sein Chef erwidert darauf: «Sie sind entlassen, aus zwei Gründen. Erstens hatte ich Sie gebeten, mich unter gar keinen Umständen zu stören, und zweitens weiß hier jeder, dass der Kurs schon auf 115 gefallen ist.»

Der zweite Witz, in dem der Synagogendiener im Mittelpunkt steht, hätte gut von Freud analysiert werden können.

– An Jom Kippur wird einem Mann der Zutritt zur Synagoge verwehrt, weil er keinen Platz reserviert hat. «Ich komme nicht, um zu beten», sagt er zum Synagogendiener, «ich muss unbedingt meinen Cousin in einer dringenden Angelegenheit sprechen.»

Nach langem Hin und Her ist der Synagogendiener schließlich bereit, ihn einzulassen. Aber er sagt zu ihm: «Dass ich dich nicht beim Beten erwische!»

Der Große Versöhnungstag wird auch von zerstrittenen Leuten genutzt, um sich wieder zu vertragen.

– An Jom Kippur beschließen zwei Feinde, sich zu versöhnen. Am Ende des Tages sagt der eine zum anderen: «Ich wünsche dir all das, was du mir wünschst.» Und erhält die Antwort: «Also wirklich, fängst du schon wieder an?»

Der folgende Witz, der ebenfalls in einer Synagoge spielt, kritisiert diejenigen unter den Rabbinern, die zu offen ihre Überlegenheit über die «gewöhnlichen Menschen» herauskehren.

– Während des Gottesdienstes wirft sich der Rabbi zu Boden und ruft: «Mein Gott, ich bin ein Nichts, ein völliges Nichts!» Daraufhin tut der Vorsänger dasselbe und ruft ebenfalls: «Mein Gott, ich bin ein Nichts!» Als der Synagogendiener dies sieht, tut er es ihnen nach und ruft: «Gott, mein Gott, ich bin ein völliges Nichts!» Da wendet sich der Rabbi zum Vorsänger um, weist auf den Synagogendiener und sagt mit verächtlicher Miene: «Für wen hält der sich, dass er es wagt zu sagen, er sei ein Nichts!»

3. Meinungen und Urteile der Rabbiner.   In einer Jeschiwa können sich zwei Schüler nicht darüber einigen, ob man rauchen darf oder nicht, während man den Talmud studiert. Sie beschließen, den Rabbi danach zu fragen. «Rabbi», sagt der Erste, «darf man rauchen, während man den Talmud studiert?» – «Nein, natürlich nicht», antwortet der Rabbi, ohne zu zögern. Daraufhin fragt ihn der zweite Schüler: «Rabbi, darf man den Talmud studieren, wenn man raucht?» – «Ja», antwortet der Rabbi. Da sagt der zweite Schüler zum ersten: «Siehst du, alles hängt davon ab, wie man eine Frage stellt.»

Der folgende Witz ist sehr bekannt.

– Ein Mann fragt einen Rabbiner, warum die Reichen so egoistisch seien.

«Sieh mal durch das Fenster. Was siehst du da?», fragt ihn der Rabbi.

«Ich sehe Leute die Straße entlanggehen.»

«Jetzt nimm diesen Spiegel. Was siehst du?»

«Ich sehe mich.»

«Und doch sind das Fenster und der Spiegel aus dem gleichen Glas gemacht. Es genügt, ein bisschen Silber hinter das Glas zu tun, und man sieht nur noch sich selbst.»

4. Religion und Wissenschaft. Es ist nicht immer leicht, die biblischen Texte und die Entdeckungen der Wissenschaft miteinander in Einklang zu bringen.

– Ein Kind fragt seinen Vater: «Ich lese in den Büchern für Naturwissenschaften, dass die Sonne fest steht und dass die Erde um die Sonne kreist. Aber warum hat dann Josua die Sonne aufgefordert, nicht weiter zu kreisen?»

«Dummkopf! Das ist doch nicht schwer zu begreifen. Josua hat der Sonne befohlen anzuhalten und danach vergessen, diesen Befehl wiederaufzuheben. Seitdem rührt sich die Sonne nicht von der Stelle.»

5. Die Beziehungen zwischen Rabbinern und Pfarrern, zwischen Juden und Christen. Es gibt zahlreiche Witze, in denen Rabbiner mit christlichen Geistlichen zu tun haben. Hier ein Beispiel.

– Ein Pfarrer sagt zu einem Rabbiner: «Gestern Nacht habe ich vom Paradies der Juden geträumt. Es war schmutzig dort, alles in Unordnung, es wimmelte von Menschen, die sich stritten und herumschrien.»

«Welch ein Zufall», erwidert der Rabbiner, «ich habe gerade gestern Nacht vom Paradies der Christen geträumt. Schöne Alleen, alles sehr sauber, herrliche Bäume, eine wunderschöne Landschaft, und weit und breit kein Mensch zu sehen.»

Was den nächsten Witz betrifft, habe ich ihn zwar in einem Buch über jüdischen Humor gefunden, aber der Rabbiner kommt darin nicht gut weg, sodass manche Juden diesen Witz nicht mögen. Aber er bringt einen zum Lachen.

– Ein Rabbiner und ein Pfarrer begegnen sich jeden Morgen auf dem Weg zu ihrem jeweiligen Gotteshaus auf dem Fahrrad. Eines Tages sieht der Rabbiner den Pfarrer ohne sein Fahrrad, zu Fuß. «Was ist denn passiert?», fragt er ihn. «Man hat mir mein Fahrrad gestohlen», antwortet der Pfarrer.

Eine Woche später sitzt der Pfarrer wieder auf seinem Fahrrad. «Haben Sie es wiedergefunden?», fragt ihn der Rabbiner.

«Ich habe Folgendes getan», erwidert der Pfarrer. «Ich dachte mir, dass der Dieb ein Mitglied meiner Gemeinde sei. Deshalb habe ich eine Predigt über die Zehn Gebote gehalten, und als ich bei dem Gebot ‹Du sollst nicht stehlen› anlangte, begann ein junger Mann zu weinen und hat mir mein Fahrrad zurückgebracht.»

Einige Zeit später hat der Rabbiner plötzlich sein Fahrrad nicht mehr. Der Pfarrer sagt zu ihm: «Halten Sie wie ich eine Predigt über die Zehn Gebote, vielleicht bringt man ja auch Ihnen Ihr Fahrrad zurück.»

Mehrere Tage später sitzt der Rabbiner wieder auf seinem Fahrrad. «Na, hatte meine Methode Erfolg?», fragt der Pfarrer. «Nicht ganz so, wie Sie es mir gesagt haben», antwortet der Rabbiner. «Ich hielt meine Predigt, und als ich zum Gebot ‹Du sollst nicht die Ehe brechen› kam, erinnerte ich mich mit einem Mal, wo ich mein Fahrrad vergessen hatte.»

In dem dritten Witz stehen sich ein Pfarrer und ein einfacher Jude gegenüber. Interessant ist er deshalb, weil er ein Beispiel für ein seltenes Phänomen darstellt: wie der Zufall bewirken kann, dass Ignoranz sich als nützlicher erweist als fundiertes Wissen.

– In einer Kleinstadt Polens besaß der Pfarrer außerordentliche Kenntnisse im Alten Testament sowie in der hebräischen Sprache. Eines Tages äußerte er den Wunsch, einen Wettstreit mit einem Mitglied der jüdischen Gemeinde auszutragen. Die Behörden wollten die Gelegenheit nutzen, um die Juden aus der Stadt zu vertreiben, wenn der Pfarrer siegte. Der Wettstreit bestand darin, aus dem Hebräischen einen Text zu übersetzen, den die jeweils andere Seite zuvor für ihren Gegner ausgewählt hatte.

Angesichts der Tragweite dieses Wettstreits lehnte der Rabbiner es ab, sich mit dem Pfarrer zu messen, um nicht für die Vertreibung der Juden aus der Stadt verantwortlich zu sein. Niemand bot sich an seiner Stelle an außer einem einfachen Handwerker. Da es keinen weiteren Bewerber gab, musste man ihn wohl oder übel akzeptieren.

Am Tag des Wettstreits war der Jude als Erster an der Reihe und fragte den Pfarrer nach dem Sinn der hebräischen Worte «eneni jodea» (was bedeutet: «Ich weiß nicht»). «Ich weiß nicht», antwortete der Pfarrer, der daraufhin zum Verlierer des Wettstreits erklärt wurde.

Mitglieder der jüdischen Gemeinde beglückwünschten den Handwerker und fragten ihn, wie er auf diese glänzende Idee gekommen sei. Völlig erstaunt vernahmen sie seine Antwort: «Das ist ganz einfach. Eines Tages hörte ich bei einem berühmten Rabbiner aus der Großstadt, wie ein Jude ihn fragte, was ‹eneni jodea› bedeute. ‹Ich weiß nicht›, gab er zur Antwort. Und so sagte ich mir, wenn selbst ein berühmter Rabbiner nicht weiß, was diese beiden Wörter bedeuten, wird es unser Pfarrer auch nicht wissen.»

6. Eine Kinderfrage. Der Weihnachtsbaum ist ein Brauch, der gerade kleinen Kindern sehr gefällt. Viele nichtjüdische Familien pflegen ihn, ohne ihm die geringste religiöse Bedeutung beizumessen. Es muss also nicht verwundern, dass es in einigen jüdischen Familien nicht anders ist. Diese Tatsache, die natürlich von anderen Juden nicht gebilligt wird, ließ folgenden Witz entstehen.

– Voller Bewunderung seinen Weihnachtsbaum betrachtend, fragt ein kleines jüdisches Mädchen seine Mutter: «Mama, feiern die Christen auch Weihnachten?»

II. Geld und Handel

Die meisten «Judenwitze» über Geld sind Teil antisemitischen Gedankenguts. Aber wenn es sich um Witze handelt, die von den Juden selbst erfunden wurden, ist ihnen im Allgemeinen eine besondere Würze eigen.

1. Einige Witze, die für einen speziellen Humor bezeichnend sind. Das beste Beispiel ist für mich der Witz über das ausgesetzte Kind, den ich nur ein einziges Mal gehört habe – 1942 – und dem ich danach nie wieder begegnet bin.

– In einem Saal, in dem mehrere Freunde beieinandersitzen, erzählt einer von ihnen eine Geschichte: «Ein Mann findet auf der Straße ein ausgesetztes neugeborenes Kind. Er würde es gern behalten und aufziehen, doch leider ist er sehr arm und hat nicht genug Geld, um Milch für das Kind zu kaufen. Da vollbringt Gott ein Wunder: Er lässt dem Mann Brüste wachsen. Nun hat er Milch und kann das ausgesetzte Kind aufziehen.» Da ruft jemand aus der Zuhörerrunde: «Aber wozu musste Gott ihm Brüste wachsen lassen, es hätte doch genügt, ihm Geld zu schicken!» Worauf der Erzähler der Geschichte erwidert: «Er hat es ohne Geld getan. Das ist ja das Wunder!»

Auch der folgende Witz bringt auf originelle Weise das Geld zur Sprache.

– In einem jüdischen Lebensmittelgeschäft will eine Kundin Heringe kaufen. «Siebzig Francs das Kilo», sagt der Händler zu ihr. «Das ist aber teuer», erwidert die Kundin, «beim Lebensmittelhändler gegenüber kosten sie nur sechzig Francs.» – «Na gut, dann kaufen Sie sie doch bei ihm!» – «Zurzeit hat er leider keine», seufzt die Kundin. Darauf erwidert der Händler: «Wenn ich keine habe, kosten sie bei mir fünfzig Francs!»

Der folgende Witz, der zwar datiert und lokalisiert ist, hätte ebenso gut unter ganz anderen Umständen erfunden werden können, aber auch hier spürt man die würzige Prise «jüdischen Salzes».

– In Galizien während des Ersten Weltkriegs, in einer Zeit größter Lebensmittelknappheit, wird Mendel zu einer schweren Bußstrafe verurteilt, weil er in einer Zeitung annonciert hat, dass er Gänse zum Preis von zweihundert Kronen verkauft. Er weiß indessen, dass sein Freund Schloime ebenfalls Gänse zu diesem Preis verkauft, ohne Ärger zu kriegen. Er fragt ihn, wie er das mache.

«Das ist ganz einfach», erklärt ihm sein Freund. «Ich verkünde auf dem Markt, dass ich zweihundert Kronen verloren habe und demjenigen eine Gans zur Belohnung geben werde, der mir das Geld zurückbringt. Und am nächsten Tag hat die halbe Stadt meine zweihundert Kronen wiedergefunden.»

Auch andere, vielleicht weniger originelle Witze verdienen es, hier zitiert zu werden.

Der folgende ist sehr bekannt.

– Eines Nachts wälzt sich Schloime in seinem Bett und kann nicht einschlafen. Seine Frau fragt ihn, was er habe. «Ich muss Jankel morgen früh zehntausend Francs zurückgeben, und ich habe sie nicht.»

Jankel wohnt auf der anderen Straßenseite, direkt gegenüber. Schloimes Frau steht also auf, öffnet das Fenster und ruft: «Jankel! Jankel!» Dieser öffnet erstaunt sein Fenster und fragt: «Was ist denn los?» Die Frau sagt: «Stimmt es, dass Schloime dir morgen früh zehntausend Francs zurückgeben muss?» «Ja, das stimmt.» «Nun, er hat sie nicht.» Schloimes Frau schließt das Fenster und sagt zu ihrem Mann: «Du kannst schlafen. Er wird jetzt nicht schlafen.»

Der nächste ist fast ebenso bekannt.

– Moische begleitet seinen Freund Salomon, der einen Anzug bestellen will, zum Schneider. Salomon feilscht hartnäckig um den Preis und erreicht eine beträchtliche Ermäßigung. «Warum hast du dermaßen gefeilscht?», fragt Moische seinen Freund. «Du wirst doch sowieso nicht bezahlen.» – «So wird er weniger Geld verlieren», antwortet Salomon.

Damit gelangen wir nach und nach zu einer Reihe von Witzen, bei denen schwer zu beurteilen ist, ob sie einer jüdischen Tradition entstammen oder ganz einfach zu den antisemitischen «Judenwitzen» gehören, ungeachtet der Tatsache, dass man sie in Büchern über den jüdischen Humor findet.

– «Papa, was bedeutet Ethik?»

«Damit du es verstehst, werde ich dir ein Beispiel nennen. Ein

Kunde kommt in einen Laden. Er kauft ein Bekleidungsstück und bezahlt es. Nachdem er gegangen ist, merke ich, dass er sein Wechselgeld liegen gelassen hat. Und hier beginnt die Ethik: Soll ich das Geld für mich behalten, oder soll ich es mit meinem Kompagnon teilen?»

2. **Geld und Religion.** Von den Witzen, die Geld und Religion miteinander vermengen, wird man ganz sicher diesen hier mögen, der auf die Frage antwortet: Warum gibt es zwei Gesetzestafeln?

Will man dem «Midrasch», einem Kommentar der Thora, glauben, soll Gott das Gesetz mehreren Völkern vorgeschlagen haben, die es aber alle ablehnten; die einen wegen des Gebotes «Du sollst nicht töten», die anderen wegen des Gebots «Du sollst nicht die Ehe brechen» usw. Die Hebräer indessen sollen geantwortet haben: «Wir werden es tun und werden verstehen», ein Beweis für ihr Vertrauen in Gott, denn ihre Antwort bedeutete: Wir werden die Gebote befolgen, bevor wir deren Gründe verstanden haben.

Und hier die Umwandlung des Midrasch-Textes in einen «Judenwitz»:

– Gott schlug das Gesetz einem Volk vor, das ihn fragte: «Was steht denn so in deinem Gesetz?» – «Du sollst nicht töten», antwortete Gott. «Danke, das ist nichts für uns.» Andere Völker gaben dieselbe negative Antwort in Bezug auf andere Gebote. Als Gott sich an die Hebräer wandte, fragten diese ihn: «Was soll das kosten?» – «Es ist umsonst», antwortete Gott. «Na, dann gib uns zwei davon!», erwiderten sie.

Hier ein Witz, der auf einem anderen Humor beruht.

– Ein Mann wendet sich an Gott: «Schicke mir zehntausend Rubel *(zehntausend Dollar in einer anderen Fassung)*, und ich werde tausend den Armen geben. Und wenn du mir nicht traust, schickst du mir nur neuntausend Rubel und gibst die anderen tausend persönlich den Armen.»

Schließlich noch ein Satz, ein einziger Satz, der für sich allein die ganze Bitternis der Armen auszudrücken vermag.

– Gott liebt die Armen und hilft den Reichen.

3. Weitere Witze über Geld und Handel. Hier ein Witz, der mit Sicherheit jüdischen Ursprungs ist.

– Ein Jude begegnet einem Freund, der neben einer Bank Eis verkauft. Er bittet ihn, ihm ein wenig Geld zu leihen. Der andere antwortet: «Ich würde ja gern, aber ich kann nicht. Ich habe eine Abmachung mit der Bank getroffen: Sie verkaufen kein Eis, und ich verleihe kein Geld.»

Bei folgendem Urteil ist die Herkunft nicht ganz so sicher.

– Was ist ein guter Verkäufer? Einer, der fähig ist, etwas zu verkaufen, das er nicht hat, an jemanden, der es nicht braucht.»

Der nächste Witz ist ebenfalls sehr bekannt.

– Zwei Zwillingsbrüder erhielten von einem reichen Mann zweihundert Dollar im Monat (*in anderen Fassungen sind es Rubel oder sogar Francs*). Eines Tages starb einer der Zwillinge. Sein Bruder suchte den Gönner auf, der ihm hundert Dollar gab.

«Und die hundert Dollar für meinen Bruder?»

«Aber der ist doch tot!»

«Na, und wer ist sein Erbe? Sie oder ich?»

Bei dem folgenden Witz, der in Büchern über den jüdischen Humor zu finden ist, kann man nicht wissen, ob er jüdischen Ursprungs ist oder nicht. Er spielt vermutlich am Ende des 19. Jahrhunderts.

– Zwei Besucher des Heiligen Landes wollen den See Genezareth mit der Fähre überqueren.

«Das macht fünfzig Piaster», sagt der Fährmann zu ihnen.

«Fünfzig Piaster, das ist aber teuer!», sagen die Touristen.

«Das ist nicht irgendein See. Das ist der See, auf dem Jesus zu Fuß über das Wasser ging.»

«Bei diesen Preisen kann ich verstehen, dass er lieber zu Fuß gehen wollte», sagt der eine Reisende.

Den jüdischen Müttern werden mindestens drei Eigenschaften zugeschrieben: Sie finden, dass ihre Kinder – selbst wenn sie inzwischen erwachsen sind – nie genügend essen; sie hegen für sie unbegrenzte Ambitionen, und sie sind – vielleicht aufgrund dieser Tatsache – immer enttäuscht, immer unbefriedigt. Natürlich sind nicht alle jüdischen Mütter «jüdische Mütter». Und man kann sich durchaus wie eine «jüdische Mutter» benehmen, ohne Jude, ja, ohne Mutter zu sein.

1. Das zwanghafte Füttern der Kinder.   In den bitterarmen Bevölkerungen des osteuropäischen Schtetls trieben die Frauen ihre Kinder nicht zum Essen an, denn sie hatten nicht genug für sie. Sie träumten auch nicht davon, Rechtsanwälte oder Ärzte aus ihnen zu machen, denn die Möglichkeiten für einen sozialen Aufstieg waren – ich sagte es bereits – gleich null. Erst bei ihrer Ankunft in den Industrieländern, also seit Ende des 19. Jahrhunderts, wurden sie zu «jüdischen Müttern» und fanden nun, dass ihre Kinder nie genug aßen. Es sind also vor allem die damals aus Osteuropa eingewanderten Großmütter und Urgroßmütter der heutigen Generation, denen die Witze über die «jüdischen Mütter» zu verdanken und gewidmet sind.

Manche hingegen glauben, dass die «jüdische Mutter» sephardischen Ursprungs ist, vermutlich weil die meisten der heutigen Juden Frankreichs Sepharden sind und weil es unter den Frauen dieser Gemeinschaft viele «jüdische Mütter» gibt.

Besser als ein Witz illustriert eine Karikatur, die in einem Buch über die jüdischen Mütter zu finden ist, die zwanghafte Sorge um die Nahrung.

– Man sieht eine Frau auf einem Fenstersims stehen, bereit, in die Tiefe zu springen. Unten auf der Straße haben die Feuerwehrleute ein großes Sprungtuch ausgespannt, um die Frau aufzufangen und ihr so das Leben zu retten. Hinter der Frau sieht man im Esszimmer einen Polizisten neben einem kleinen Jungen am Tisch sitzen.

Der Polizist ruft der Frau zu: «Springen Sie nicht, er isst!» Und die Frau fragt: «Alles? Auch das Gemüse?»

Und einen letzten Witz zum selben Thema:

– Was ist der Unterschied zwischen einer italienischen und einer jüdischen Mutter?

Die italienische Mutter sagt: «Wenn du nicht isst, stirbst du!» Die jüdische Mutter sagt: «Wenn du nicht isst, sterbe ich!!»

2. Die Ambitionen für die eigenen Kinder. Die ehrgeizigen Wünsche, die die Mütter für ihre Kinder hegen, gehören zu den typischen Aspekten des jüdisch-amerikanischen Humors: die Frau, die sich ihren Jüngsten als den Rechtsanwalt, als den Arzt, ja als den zukünftigen Präsidenten der Vereinigten Staaten vorstellt. Warum Arzt und nicht Ingenieur? Weil man in den jüdischen Gemeinschaften Osteuropas wusste, was ein Arzt ist, aber von der Arbeit eines Ingenieurs nicht die geringste Ahnung hatte.

Hier einige klassische Witze:

Eine Frau fährt ihre noch ganz kleinen Kinder in einem Kinderwagen spazieren und stellt sie einer Freundin vor, die sie auf der Straße getroffen hat: «Der Rechtsanwalt ist jetzt ein Jahr alt und der Arzt zwei.»

– Zwei Frauen sitzen auf einer Parkbank, während ihre Kinder in der Nähe spielen. Die eine sagt: «Ihr Sohn schubst gerade meine Tochter.» Woraufhin die andere fragt: «Welcher? Der Arzt oder der Rechtsanwalt?»

3. Die ständige Unzufriedenheit. Zum Thema Unzufriedenheit der jüdischen Mütter, die unter anderem daher rührt, dass ihre grenzenlosen Wunschvorstellungen für ihre Kinder nie ganz befriedigt werden können, ist der beste Witz zugleich der kürzeste:

– Ein Mann ruft seine Mutter an: «Wie geht es dir, Mama?» «Sehr gut, mein Sohn.» «Entschuldigen Sie, gnädige Frau, ich habe mich verwählt.»

Hier ein zweiter Witz:

– Eine jüdische Mutter schenkt ihrem Sohn zum Geburtstag zwei Krawatten: eine rote und eine blaue. Um ihr eine Freude zu machen, besucht der Sohn sie am nächsten Tag und trägt die blaue Krawatte. Die Mutter sagt traurig: «Ich wusste ja, die rote Krawatte würde dir nicht gefallen.»

Und ein dritter:

– Drei jüdische Mütter sitzen auf einer Bank und jammern in einem fort auf Jiddisch: «Oi wei is mir, wei is mir!» *(was übersetzt etwa bedeutet: «Oh, wehe mir!»)*. Irgendwann sagt eine von ihnen: «Genug über die Kinder geschwatzt! Reden wir von was anderem.»

4. Der Beweis, dass Jesus Jude war.   In Verbindung mit dem Problem der Beziehungen zwischen Müttern und Kindern kann auch folgende «Beweisführung» gesehen werden.

– Was ist der beste Beweis, dass Jesus Jude war? Mit dreißig Jahren lebte er noch bei seinen Eltern. Er betete seine Mutter an, und seine Mutter hielt ihn für einen Gott.

IV.   Und der Rest

1. Die jüdische Intelligenz.   Mehrere Witze handeln von der mutmaßlichen Intelligenz der Juden. Der erste ist sehr bekannt.

– In einem jüdischen Lebensmittelgeschäft in New York fragt eine nichtjüdische Kundin den Händler, wie es komme, dass die Juden so intelligent seien. «Wir haben da ein Geheimnis», sagt dieser zu ihr, «aber ich kann es Ihnen nicht verraten.» Die Kundin lässt nicht locker, und schließlich sagt der Händler zu ihr, nachdem sie ihm schwören musste, dass sie es niemandem weitersagen wird: «Wir essen Heringsköpfe.»

«Wie viel kosten die?» – «Einen Dollar das Stück.» – «Geben Sie mir sechs», sagt die Kundin.

Nach einer Woche kommt sie wieder und sagt zu dem Lebensmittelhändler: «Ich habe die Heringsköpfe gegessen, aber ich bin nicht intelligenter geworden.» – «Das kommt, weil Sie zu wenige gegessen haben.» – «Geben Sie mir zwölf.»

Die Kundin zieht mit ihren zwölf Heringsköpfen ab und kommt einige Tage später wütend zurück: «Sie elender Dieb! Sie verkaufen mir die Heringsköpfe für einen Dollar das Stück, während der ganze Hering mit Kopf einen halben Dollar kostet!» «Sehen Sie», erwidert ihr der Händler, «Sie fangen schon an, intelligenter zu werden.»

Der zweite Witz handelt von der Kunst des Schlussfolgerns.

– Ein Jude, der in einem Dorf wohnt, fährt für einen Tag in die Großstadt. Als er am Abend wieder zurückfährt, wundert er sich, im Bahnhof am Schalter, direkt vor sich in der Schlange, einen sehr gut gekleideten Herrn, einen echten Stadtbürger zu sehen, der eine Fahrkarte mit demselben Ziel löst wie er. «Was kann ein Mann aus der Stadt wohl in meinem Dorf zu tun haben?», fragt er sich.

Im Zug findet er sich mit ebendiesem Mann, der ihn so neugierig macht, im selben Abteil wieder. Nun beginnt er zu überlegen. Vielleicht kommt er wegen einer Heiratsangelegenheit? Aber das einzige reiche Mädchen des Dorfes ist schon verlobt. Vielleicht ist es ein Rechtsanwalt, der wegen eines Prozesses kommt? Die alte Lea steckt gerade in einem Rechtsstreit, aber sie kann sich keinen Rechtsanwalt aus der Großstadt leisten.

Nachdem er andere Mutmaßungen verworfen hat, kommt der Jude zu folgendem Schluss: Es muss jenes Waisenkind sein, dem sein Onkel Joseph ein Studium in der Stadt bezahlt hatte. Und jetzt kommt es in sein Dorf zurück, um ihm dafür zu danken.

Dann überlegt er weiter. So, wie er gekleidet ist, hat der Mann es ganz offensichtlich zu etwas gebracht. Dafür musste er sicherlich seinen Namen ändern. Wie hieß er doch damals? Kohn. Wie könnte er jetzt heißen? Korn? Kern? Das ist Kohn zu ähnlich. Kerner? Ja, das ist gut! Und dann hat er sicher, nachdem er so viele Jahre studiert hat, einen Doktortitel. Er wendet sich also seinem Nachbarn zu und sagt zu ihm: «Wie geht es Ihnen, Dr. Kerner?» *(In vielen Ländern ist es üblich, den Doktortitel zusammen mit dem Namen zu nennen, auch wenn es sich nicht um einen Arzt handelt.)* Höchst erstaunt fragt dieser ihn: «Woher wissen Sie, wer ich bin?» – «Aber das war doch ganz klar!», hört er sich antworten.

Der nächste Witz betrifft eher den Wirklichkeitssinn, die Fähigkeit, nicht blind allen Versprechungen zu glauben. Aber ist das nicht auch eine Form von Intelligenz?

– Nach der Schlacht von Austerlitz gratuliert Napoleon drei polnischen Soldaten zu ihren glanzvoll durchgeführten Aktionen und erklärt sich bereit, jedem von ihnen einen Wunsch zu erfüllen. «Meine Mühle ist abgebrannt. Ich möchte gern, dass sie wiederaufgebaut wird», sagt der eine. «Deine Mühle wird wiederaufgebaut», erwidert der Kaiser. «Ich möchte ein freies Polen», sagt der Zweite. «Polen wird frei sein», versichert ihm Napoleon. Der Dritte, ein Jude, bittet um eine Schüssel mit Heringen. Die beiden anderen lachen ihn aus. Der Jude sagt zu ihnen: «Du wirst die Mühle nicht bekommen und du schon gar nicht dein freies Polen. Aber mir wird man – wer weiß? – vielleicht doch meine Schüssel mit Heringen bringen.»

2. Sex. Die «klassischen» jüdischen Witze über Sex haben keinen pornografischen Charakter. Sie funktionieren über Anspielungen. Hier ein typisches Beispiel.

– Ein Heiratsvermittler sagt zu einem Ledigen, dass es höchste Zeit für ihn sei, zu heiraten. «Ich habe zwei Schwestern, die mir alles im Hause machen», antwortet der andere. «Aber zwei Schwestern können nicht in allem eine Frau ersetzen», beharrt der Heiratsvermittler. Worauf der Ledige erwidert: «Ich sagte, es sind zwei Schwestern. Ich sagte nicht, dass es meine sind.»

Die Herkunft des zweiten Witzes ist etwas ungewiss.

– Ein Mann hatte die Angewohnheit, wenn ihm von einer Katastrophe berichtet wurde, zu sagen: «Es hätte schlimmer kommen können.» Eines Tages teilt man ihm mit, dass Mosche unverhofft nach Hause kam und seine Frau mit Awrom im Bett ertappte. Er holte den Revolver heraus und erschoss alle beide. Auf diesen Bericht folgt der übliche Kommentar: «Es hätte schlimmer kommen können.» Sein Gegenüber wird ärgerlich: «Was hätte denn noch Schlimmeres passieren können?» «Wenn er eine Stunde eher gekommen wäre, hätte er mich dort gefunden», antwortet der Mann.

Hier ein dritter Witz:

In einem Dorf wird ein Mädchen schwanger. Bestürzt fragen ihre Eltern, wer der Verantwortliche sei.

«Es ist der Rabbi», sagt die Tochter. Höchst erstaunt lassen die Eltern den Rabbiner zu sich kommen, der über die gegen ihn erhobene Anschuldigung schockiert ist. «Doch, Sie sind es!», beharrt das Mädchen. «Wie kannst du es wagen, so etwas zu behaupten?», empört sich der Rabbi. «Sie sind es! Erinnern Sie sich nicht? Als meine Schwester kein Kind bekommen konnte, haben Sie ihr Wasser aus dem Jordan zu trinken gegeben, und das Wunder geschah: Sie wurde schwanger. Nun, ich habe auch von diesem Wasser getrunken.» Peinlich berührt, sagt der Rabbi zu dem Mädchen: «Aber du weißt doch, dass zum Schwangerwerden auch ein Mann nötig ist.» – «Ach, was das betrifft, gibt es genügend Männer im Dorf», antwortet das Mädchen.

3. Antisemitismus.   Hier ein französischer Witz, den der Humorist Roger Nicolas um 1950 erzählte.

Ein Jude mit starkem Akzent möchte eine Wohnung mieten. «Ich vermiete nicht an Juden», sagt der Besitzer zu ihm.

«Ich bin kein Jude», versichert der Bewerber selbstsicher.

«Was ist Ihre Konfession?»

«Ich bin Katholik.»

«Das müssen Sie mir schon beweisen.» Der Besitzer stellt daraufhin eine ganze Reihe von Fragen, auf die der Jude die komischsten Antworten gibt.

Schließlich zeigt er ihm die Krippe und fragt ihn: «Warum ist das Kind auf Stroh gebettet?»

Die Antwort lässt nicht auf sich warten: «Vermutlich, weil es schon damals Leute gab, die nicht an Juden vermieten wollten.»

Den folgenden Witz erzählte man im Zusammenhang mit der Friedenskonferenz nach dem Ersten Weltkrieg. Seine jüdische Herkunft steht außer Zweifel.

– Der polnische Delegierte besteht darauf, dass den Polen alles zugestanden werde, was sie verlangen. «Andernfalls», fügt er hinzu, «werden sie sehr verärgert sein und unter den Juden ein Blutbad anrichten.»

«Und wenn all ihren Forderungen stattgegeben wird?»

«Dann werden sie sich vor Freude betrinken und unter den Juden ein Blutbad anrichten.»

Die Welt ist so daran gewöhnt, die Juden verfolgt zu sehen, dass dieses Phänomen niemanden mehr wundert. Daher der folgende kurze Witz, der garantiert jüdischer Herkunft ist:

– Ein Mann kommt in ein Bistro und ruft: «Haben Sie die Nachricht schon gehört? Man wird die Juden und die Friseure töten.» «Warum die Friseure?», fragen die Gäste des Bistros wie aus einem Munde.

Da vor allem der Antisemitismus den Juden immer das Leben schwer gemacht hat, ist an dieser Stelle auch folgender Aufruf an Gott zu zitieren:

– Gott, Du hast uns eine große Ehre erwiesen, indem Du uns zu Deinem auserwählten Volk gemacht hast. Aber könntest Du Dir jetzt nicht mal ein anderes auswählen?

Schließlich noch eine Karikatur, die in einer jüdischen Zeitschrift publiziert wurde. Sie ironisiert nicht den Antisemitismus, sondern den Rassismus einiger Juden Südafrikas.

– Die Zeichnung zeigt den Eingang der Synagoge. Ein Mann mit einer Kippa verwehrt einem Schwarzen, der ebenfalls eine Kippa trägt, den Zutritt.

«Ich behaupte nicht, dass Sie nicht Jude sind», sagt der Mann, «ich sage nur, dass Sie in dieser Synagoge nicht beten dürfen.»

«Aber ich bin doch der neue Rabbiner», beharrt der Schwarze.

4. Der «jüdische Typ».   Gibt es einen jüdischen Typ? Ich werde auf diese Frage nicht antworten. Ich will dazu nur bemerken, dass ein jüdischer Berber aus Marokko anders aussieht als ein chinesischer Jude (einige wenige gibt es noch).

Und hier der schönste Witz über den «jüdischen Typ».

– Ein amerikanischer Jude, der zu Besuch in China ist, entdeckt plötzlich in einem kleinen Ort eine Synagoge. Höchst erstaunt, will er eintreten, aber der schlitzäugige Wächter stellt sich ihm in den Weg und sagt: «Das ist ein Gotteshaus, eine Synagoge.»

«Aber ich bin doch Jude», sagt der Amerikaner zu ihm.

Der Wächter mustert ihn verwundert und ruft aus: «Sie sind Jude? Na, so was! Sie sehen gar nicht so aus.»

Die Leser, die sich über diesen Witz amüsieren, kommen im Allgemeinen gar nicht auf die Idee, sich zu fragen, in welcher Sprache dieses Gespräch stattgefunden haben mag. Sprach der Amerikaner Chinesisch, oder sprach der Synagogenwächter Englisch?

5. Sie sind überall!   Jeder hat irgendwann mal über die Juden sagen gehört, sie seien überall. Zunächst ist festzustellen, dass das nicht stimmt: Man hat noch keinen Juden gesehen, der eine Etappe der Tour de France gewonnen hätte. Indessen stimmt es, dass die Juden in bestimmten Berufen zahlreich vertreten sind, was die Aufmerksamkeit auf sich zieht.

– Jemand, der sagte, dass die medizinische Forschung wohl der Berufszweig sei, in dem die Juden zahlenmäßig am stärksten vertreten sind, erhielt zur Antwort, dass der Anteil der Juden unter den Rabbinern noch viel höher sei.

In anderen Bereichen, in denen es nur ganz wenige Juden gibt, erregt gerade ihre unerwartete Präsenz Aufmerksamkeit. Das ist der Fall, wenn ein Jude Erzbischof, Großinquisitor (das hat es auch gegeben) oder buddhistischer Mönch wird. Letzterer Fall hat zu dem folgenden Witz angeregt.

– Eine alte amerikanische Jüdin, die alljährlich nach Miami in die Sommerfrische fuhr, beschloss eines Tages, woanders hinzufahren, und buchte ein Ticket nach Kathmandu. Der Angestellte des Reisebüros versuchte, sie davon abzubringen, indem er sie über die Risiken einer solchen Reise aufklärte, jedoch vergeblich.

Die Dame reist also nach Kathmandu. An ihrem Ziel angelangt, beginnt sie eine lange, ermüdende Reise durch Berg- und Wüstenregionen. Schließlich erreicht sie einen trostlosen Ort, an dem ein Tempel steht. Sie bittet darum, den Guru zu sprechen.

«Unmöglich», antwortet man ihr. Sie versucht es Tag für Tag aufs Neue, bis ihr schließlich ein Treffen mit dem Guru bewilligt wird. «Sie dürfen ihm aber höchstens sechs Worte sagen», erklärt ihr der Wächter.

Am nächsten Tag wird die alte Dame vom Guru empfangen, und sie sagt zu ihm: «Shloime, enough! Come back home now!» *(Schloime – Salomon auf Jiddisch –, genug! Komm jetzt nach Hause!)*

6. Eine Zwangsvorstellung: die jüdischen Probleme. Es ist gewiss wahr, dass nach ihrer zweitausend Jahre währenden Verfolgung eines der Wesensmerkmale der Juden darin besteht, dass sie um alles, was irgendwo auf der Welt mit den Juden in Zusammenhang steht, äußerst besorgt sind, egal, ob sie direkt oder indirekt davon betroffen sind. Die Frage «Ist das gut oder schlecht für die Juden?» ist in dieser Hinsicht typisch.

– Ein Jude liest in der Zeitung und sagt zu seiner Frau: «In Venezuela hat es ein Erdbeben gegeben.»

Die Frau erwidert fast mechanisch: «Ist das gut oder schlecht für die Juden?»

Die Wirklichkeit holt bisweilen die Fiktion ein. 1958, als General de Gaulle in Frankreich wieder an die Regierung kam, fragte ein jüdischer Schneider einen seiner Kunden: «Ist das gut oder schlecht für die Juden?»

Berühmt ist folgender Witz von den Elefanten.

– Eines Tages werden vier Männer – ein Franzose, ein Engländer, ein Deutscher und ein Jude unbekannter Nationalität – gebeten, einen Text über Elefanten zu schreiben.

Der Franzose kommt mit einem Bericht zurück, der den Titel «Die Liebe bei den Elefanten» trägt. Der Titel des Berichts, den der Engländer abliefert, lautet: «Die Elefanten und der internationale Handel».

Der Deutsche kommt etwas später und gibt eine Enzyklopädie ab mit dem Titel «Einführung in die Geschichte der Elefanten». Und der Jude hat einen Text geschrieben über «Die Elefanten und die zionistische Frage».

7. Einige andere Themen. Hier einige Witze, die sich schwer in die vorangegangenen Kategorien einordnen lassen, aber dennoch zweifellos jüdisch sind, selbst wenn einige von ihnen nicht immer als solche präsentiert werden.

Den ersten kann man sich sehr gut auf Jiddisch erzählt vorstellen.

Zwei Diamantenhändler begegnen sich auf dem Pariser Nordbahnhof. «Wohin fährst du?», fragt der eine seinen Kollegen. «Nach Antwerpen.»

«Du sagst zu mir, du fährst nach Antwerpen, damit ich glauben soll, du fährst nach Amsterdam. Ich weiß aber, dass du doch nach Antwerpen fährst. Das ist nicht nett von dir, so zu lügen!»

Später werden wir einer anderen Fassung dieses Witzes begegnen, die von Freud kommentiert wurde.

Hier ein anderer Witz, der in die Kategorie «Tricks und Listen» passen würde.

– Ein Jude, der gegen jemanden einen Prozess führt, fragt seinen Rechtsanwalt, ob er dem Richter nicht einen Truthahn als Geschenk schicken solle. «Bloß nicht!», sagt der Rechtsanwalt. «Sie würden den Prozess mit Sicherheit verlieren.»

Nachdem er den Prozess gewonnen hat, erzählt der Jude seinem Rechtsanwalt, dass er dem Richter doch einen Truthahn geschickt hat. «Aber mit der Visitenkarte meines Gegners», fügt er hinzu.

Der Witz mit dem Anzug ist sehr verbreitet.

– Ein Mann, der sich für kurze Zeit in einer Stadt aufhält, bestellt beim Schneider einen Anzug. Als er abreisen will, ist der Anzug noch nicht fertig. Er ist auch noch nicht fertig, als er in die Stadt zurückkommt. Schließlich, nach sechs Monaten, bekommt er seinen Anzug. Er beschwert sich beim Schneider: «Gott hat die Welt in sechs Tagen geschaffen, und Sie brauchen sechs Monate, um einen Anzug zu fertigen!» Der Schneider antwortet ihm: «Ja, sehen Sie sich mal die Welt an, und sehen Sie sich den Anzug an.»

Die folgende Frage wird manchmal an einen Jesuiten anstatt eines Juden gerichtet.

– «Warum antwortet ein Jude auf eine Frage immer mit einer Gegenfrage?»

«Warum denn nicht?», antwortet der Jude.

In diesem Zusammenhang wäre es interessant, einmal zu überprüfen, ob sich in Büchern jüdischer Schriftsteller deutlich mehr Fragezeichen, mehr Fragen ohne Antwort finden als bei anderen Autoren.

Und hier die Charakteristika der fünf berühmten Juden.

– Der erste Jude, Moses, hat gesagt: «Alles ist Gesetz.»

Der zweite Jude, Jesus, hat gesagt: «Alles ist Liebe.»

Der dritte Jude, Marx, hat gesagt: «Alles ist Geld.»

Der vierte Jude, Freud, hat gesagt: «Alles ist Sex.»

Der fünfte Jude, Einstein, hat gesagt: «Alles ist relativ.»

Auch der nächste Witz scheint mir (nicht nur wegen des Rabbiners) jüdischen Ursprung zu sein.

– Jemand, der gerade einen Fernseher gekauft hat, kommt wütend zum Händler gerannt, bei dem er ihn erworben hat: «Du hast mir gesagt, das sei ein Farbfernseher, aber das stimmt nicht, er ist schwarz-weiß.» Nach langem Streit schlägt der Verkäufer vor, zum Rabbi zu gehen und ihn nach seiner Meinung zu fragen. «Ist Schwarz eine Farbe?», fragt der Händler. «Ja», antwortet der Rabbi. «Ist Weiß eine Farbe?» – «Ja.» Da sagt der Händler zu seinem Kunden: «Nun siehst du, dass ich dir einen Farbfernseher verkauft habe!»

Was den folgenden Witz betrifft, kann ich Ihnen garantieren, dass Sie ihn in keinem anderen Buch über jüdischen Humor finden werden.

– In seinen letzten Lebensjahren wird Mao verrückt und beschließt, die gesamte chinesische Bevölkerung zwangsweise zum Judentum zu bekehren. Dieser Beschluss hat etliche Konsequenzen.

Als Erstes muss man in Israel und in allen jüdischen Gemeinden der Welt Millionen von Rabbinern und Beschneidern ausbilden. In Israel werden alle erwachsenen Männer mit dieser Aufgabe betraut (nachdem man sie entsprechend dafür ausgebildet hat), und so bleiben nur die Frauen, um die Arbeit in der Landwirtschaft, in der Industrie und in den Verwaltungen zu verrichten. Da das Studium für den Übertritt zum Judentum lang und schwierig ist, beschließt Mao, dass die Chinesen tagsüber arbeiten und nachts studieren sollen. Der Schlaf wird per Dekret abgeschafft.

All das benötigt viel Zeit. Aber schließlich kommt der Tag, da alle Chinesen Juden geworden sind. In dem Moment berufen sich 250 Millionen unter ihnen auf das Rückkehrgesetz, um ihre «Alija» durchzuführen, das heißt nach Israel einzuwandern und sich dort niederzulassen.

Der Leser kann sich selbst ausmalen, wie es weitergeht …

Und hier noch ein letzter Witz über die talmudische Art des Argumentierens, es ist einer der bekanntesten in der jüdischen Tradition. In seinen zahlreichen Fassungen ist es mal ein Nichtjude (in einer Version ist es sogar der Zar!), der diese Art des Argumentierens begreifen will, ein andermal ein junger Jude, den man einer Prüfung unterzieht, um sicher zu sein, dass er fähig sein wird, den Talmud zu studieren, so in dem nachfolgenden Witz.

– Der Rabbiner stellt die erste Prüfungsfrage:

«Zwei Schornsteinfeger steigen von einem Schornstein herunter. Der eine kommt unten schmutzig an, der andere ist sauber. Welcher von beiden wird sich waschen?

«Der, der schmutzig ist, natürlich.»

«Keineswegs. Der, der schmutzig ist, sieht, dass der andere sauber ist, und glaubt folglich, dass er selbst auch sauber ist. Der Saubere sieht den, der schmutzig ist, und meint, er sei ebenfalls schmutzig, und wird sich deshalb waschen.»

Zweite Frage: wie die erste.

«Aber das ist ja dieselbe Frage. Also wird sich der Saubere waschen.»

«Keineswegs. Der schmutzige Schornsteinfeger ist so überrascht, dass der andere sauber vom Schornstein herabgestiegen ist, dass er sich versichern will, ob er sich in demselben Zustand befindet. Er betrachtet seine Hände und sieht, dass sie schmutzig sind. Der andere betrachtet daraufhin ebenfalls seine Hände und sieht, dass sie sauber sind. Also wird sich der Schmutzige waschen.»

Dritte und letzte Frage: wie die beiden davor.

«Aber das hat doch keinen Sinn. Was kann man denn sonst noch darauf antworten?»

«Du hast eines außer Acht gelassen: Wie ist es möglich, dass, wenn zwei Schornsteinfeger vom selben Schornstein herabsteigen, der eine schmutzig unten ankommt und der andere sauber? Deine Antworten zeigen, dass du unfähig bist, den Talmud zu studieren.»

Kapitel VIII

Der jüdische Humor in der Sekundärliteratur und bei Freud

I. Was man in den Werken über den jüdischen Humor findet

Fast alle Bücher über den jüdischen Humor, selbst die, die im Wesentlichen eine Sammlung von Witzen darstellen, enthalten Betrachtungen über die Art dieses Humors. Das geht aus einer großen Zahl von Büchern in französischer, englischer (England und USA) und deutscher Sprache hervor.

Das Lachen ist im jüdischen Humor ein Verteidigungsmechanismus; es hat einen therapeutischen Effekt (man mokiert sich über den Hunger, die Armut); es ist den Tränen nahe («unter Tränen lachen»), so kann man nachlesen. Ich selbst hatte daran gedacht, dem Titel dieses Buches einen Untertitel hinzuzufügen: «Lachen, um nicht zu weinen». Manchmal ist der jüdische Witz nicht einmal zum Lachen, sondern bewirkt eher einen Seufzer. Andere Autoren hingegen merken an, dass es nicht nur das Lachen am Rande der Tränen gibt: Manche Witze lösen schallendes Gelächter aus.

Alle Autoren sind sich darin einig, den selbstironischen Charakter des jüdischen Humors hervorzuheben: Man mokiere sich über sich selbst («masochistischer Exhibitionismus»), ist in einer psychoanalytischen Deutung zu lesen. Besteht da nicht die Gefahr, dass man den Antisemiten Argumente an die Hand gibt? Doch die, die sich damals untereinander Witze auf Jiddisch erzählten, konnten nicht ahnen, dass diese eines Tages in anderen Sprachen eine so große Verbreitung finden würden.

Die meisten Witze entstanden in der Tat in Gemeinschaften, in denen man Jiddisch sprach. Alle, die diese Sprache kennen, heben ihre Würze und ihren «außergewöhnlichen Charme» hervor und weisen auch darauf hin, wie wichtig die Betonungen und die begleitenden Gesten für ihren Nuancenreichtum sind.

Schließlich erwähnen einige Autoren auch die pädagogische Rolle des jüdischen Humors, «die Bildung durch Humor».

Weit weniger Betrachtungen existieren über den sephardischen Humor, in dem man Figuren aus dem arabischen Humor der Länder Nordafrikas wiederfindet. Im Allgemeinen wird auf die Mischung mehrerer Traditionen verwiesen, die eine genaue Bestimmung der tatsächlichen Herkunft der Witze oft unmöglich macht. Diese Unmöglichkeit besteht übrigens auch innerhalb des jüdischen Humors insgesamt. Und wenn derselbe Witz zugleich im jüdischen Humor und in antisemitischen «Judenwitzen» auftaucht, steht nicht immer fest, wer ihn von wem übernommen hat.

Die wesentliche Idee des vorliegenden Buches – die Tatsache, dass die Themen des jüdischen Humors sich je nach Land und Epoche unterscheiden – wird auch von einigen anderen Autoren nachdrücklich vertreten.

Hinzuweisen ist schließlich noch auf einen wichtigen Artikel über den Humor in der *Encyclopaedia Judaica*, der eine Geschichte des jüdischen Humors von den Zeiten der Bibel und des Talmuds bis in unsere Tage in den USA und in Israel vorlegt, wobei betont wird, dass der moderne jüdische Humor im 19. Jahrhundert in Osteuropa entstand.

II. Freud und der jüdische Humor

Sigmund Freuds Buch *Der Witz und seine Beziehung zum Unbewussten* handelt vom Humor allgemein. Aber interessant daran ist, dass er zahlreiche (mehr als zwanzig) jüdische Witze analysiert. Sicher handelt es sich in den meisten Fällen um Deutungen bestimmter Techniken des Humors, die scheinbar nichts spezifisch Jüdisches haben. Dennoch ist es kein Zufall, dass der jüdische Humor einen so vorrangigen Platz in diesem Buch einnimmt, wie das folgende Zitat von Freud beweist: «Wir verlangen nämlich keinen Adelsbrief von unseren Beispielen, wir fragen nicht nach ihrer Herkunft, sondern nur nach ihrer Tüchtigkeit, ob sie uns zum Lachen zu bringen vermögen und ob sie unseres theoretischen Interesses würdig sind. Beiden diesen Anforderungen entsprechen aber gerade die Judenwitze am besten.»

Die meisten von Freud analysierten jüdischen Witze sind im vorliegenden Buch zitiert, zusammen mit einigen elementaren Angaben über seine Art, sie zu deuten. Ich habe auch einige «jüdische Witze» zitiert, die Freud analysiert, ohne sie als solche zu betrachten (vielleicht hat ja der jüdische Humor sie erst von ihm übernommen). Fast alle diese Witze stehen im analytischen Teil des Buches, im Kapitel, das die Technik des Witzes behandelt. Die Kommentare zu einigen von ihnen werden im Kapitel über die Tendenzen des Witzes ergänzt.

Hier der erste jüdische Witz aus Freuds Buch.

– Zwei Juden treffen in der Nähe des Badehauses zusammen. «Hast du genommen ein Bad?», fragt der eine. «Wieso?», fragt der andere. «Fehlt eins?»

Freud erklärt, dass die Technik darin bestehe, dass das Wort «nehmen» in einem doppelten Sinn gebraucht wird. Wenn man die Frage durch «Hast du gebadet?» ersetzt, verschwindet der Witz. Freud kommt später auf seine Deutung zurück, wenn er den Begriff der «Verschiebung» einführt.

Im zweiten Witz, den Freud als jüdisch präsentiert, handelt es sich um «eine Ablenkung der Antwort vom Sinn eines Vorwurfs». Eigentlich ist dieser Witz eine andere Version des Witzes vom Schnorrer, den sein Gönner in einem vornehmen Restaurant speisend antrifft (siehe S. 19).

Freud gebraucht dieses Mal den Begriff der «Verschiebung», um diese Ablenkung vom Gedankengang zu charakterisieren. Wenn der Schlemmer ohne Umschweife auf den Vorwurf geantwortet hätte («Ich kann nicht auf die Speisen verzichten, die mir gefallen, und es ist mir egal, woher das Geld kommt, mit dem ich sie bezahle»), würde es sich nicht mehr um einen Witz, sondern nur noch um eine zynische Bemerkung handeln.

Auch von dem folgenden Witz gibt es eine andere Fassung, die sich auf einen «Melamed» bezieht. Freud präsentiert auch diesen Witz nicht als jüdisch.

– Ein Mann, der dem Trunk ergeben ist, ernährt sich in einer kleinen Stadt durch Lektionengeben. Sein Laster wird aber allmählich bekannt, und er verliert infolgedessen die meisten seiner Schüler. Ein Freund wird beauftragt, ihn zur Besserung zu mahnen. «Sehen Sie, Sie könnten die schönsten Lektionen in der Stadt haben, wenn Sie das Trinken aufgeben wollten. Also tun Sie's doch.» – «Wie kommen Sie mir vor?», ist die entrüstete Antwort. «Ich geb' Lektionen, damit ich trinken kann; soll ich das Trinken aufgeben, damit ich Lektionen bekomme!»

Dieser Witz, sagt Freud, beruht nicht auf einer Verschiebung. Die Antwort ist direkt und zynisch. Der Witz entsteht aus der «Umkehrung der Mittel- und Zweck-Relation zwischen dem Trinken und dem Lektionengeben oder -bekommen.»

Hier nun der erste Heiratsvermittlerwitz in diesem Buch von Freud.

– Der Schadchen hat dem Bewerber versichert, dass der Vater des Mädchens nicht mehr am Leben ist. Nach der Verlobung stellt sich heraus, dass der Vater noch lebt und eine Kerkerstrafe abbüßt. Der Bewerber macht nun dem Schadchen Vorwürfe. «Nun», meint dieser, «was habe ich Ihnen gesagt? Ist denn das ein Leben?»

Der gleiche Witz existiert in einer völlig anderen Version, in der es keinen Heiratsvermittler gibt (siehe S. 47) und den ich persönlich witziger finde. Freud erklärt, dass es in diesem Witz, so wie er ihn erzählt, einen doppelten Sinn gebe (des Wortes «Leben»), gefolgt von einer Verschiebung (von einem Sinn zum anderen). Aber es geht hier auch darum, die «Mischung von verlogener Dreistigkeit und schlagfertigem Witz» zu zeigen, die den Heiratsvermittler auszeichnet.

Im folgenden Witz geht es um einen Schnorrer. Freud ist der Ansicht, dass er ebenfalls auf einer Verschiebung beruhe, die aber anderer Natur sei als die der vorangegangenen Witze.

– Ein Schnorrer trägt dem reichen Baron seine Bitte um Gewährung einer Unterstützung für die Reise nach Ostende vor; die Ärzte hätten ihm Seebäder zur Herstellung seiner Gesundheit empfohlen. «Gut, ich will Ihnen etwas dazugeben», meint der Reiche, «aber müssen Sie gerade nach Ostende gehen, dem teuersten aller Seebäder?» – «Herr Baron», lautet die zurechtweisende Antwort, «für meine Gesundheit ist mir nichts zu teuer.»

Der Schnorrer benimmt sich, als wäre es sein eigenes Geld, das er für seine Gesundheit opfern soll. Ebendarin besteht die «Verschiebung».

Andere Witze, sagt Freud, stellen etwas Widersinniges, einen Unsinn, eine Dummheit ganz unverhüllt zur Schau. Er zitiert diesbezüglich unter anderem einen Witz, den er nicht als jüdisch präsentiert. Dennoch findet man ihn heute in Büchern über den jüdischen Humor, und ich habe ihn zitiert (siehe S. 44). Hier ist er:

– «Niemals geboren zu werden wäre das Beste für die sterblichen Menschenkinder. Aber unter hunderttausend Menschen passiert dies kaum einem.»

Das Wort «kaum», bemerkt Freud, macht diesen Unsinn noch dümmer.

Danach kommen noch weitere Heiratsvermittlerwitze.

– Der Schadchen verteidigt das von ihm vorgeschlagene Mädchen gegen die Einwände des jungen Mannes. «Die Schwiegermutter gefällt mir nicht», sagt dieser, «sie ist eine boshafte, dumme Person.» – «Sie heiraten doch nicht die Schwiegermutter, Sie wollen die Tochter.» – «Ja, aber jung ist sie nicht mehr und schön von Gesicht gerade auch nicht.» – «Das macht nichts; ist sie nicht jung und schön, wird sie Ihnen umso eher treu bleiben.» – «Geld ist auch nicht viel da.»´ – «Wer spricht vom Geld? Heiraten Sie denn das Geld? Sie wollen doch eine Frau!» – «Aber sie hat ja auch einen Bukkel!» – «Nun, was wollen Sie? Gar keinen Fehler soll sie haben!»

Es liegt hier, sagt Freud, ein Schein von Logik vor, dessen Aufgabe es ist, den Denkfehler zu verdecken. Der Heiratsvermittler hakt jeden der Fehler des Mädchens einzeln ab, um sie so unbedeutender erscheinen zu lassen, und weigert sich dann, sie zur Summe zusammenzusetzen.

In einer anderen Gruppe von Witzen, die ebenfalls von Heiratsvermittlern handelt, entsteht der Humor aus dem Automatismus der Reaktion.

– Ein Schadchen hat zur Besprechung über die Braut einen Gehilfen mitgebracht, der seine Mitteilungen bekräftigen soll. «Sie ist gewachsen wie ein Tannenbaum», meint der Schadchen. – «Wie ein Tannenbaum», wiederholt das Echo. – «Und Augen hat sie, die muss man gesehen haben.» – «Heißt Augen, die sie hat!», bekräftigt das Echo. – «Und gebildet ist sie wie keine andere.» – «Und wie gebildet!» – «Aber das eine ist wahr», gesteht der Vermittler zu, «sie hat einen kleinen Höcker.» – «*Aber ein Höcker*!», bekräftigt wieder das Echo.

Hier die beiden anderen Witze.

– Der Bräutigam ist bei der Vorstellung der Braut sehr unangenehm überrascht und zieht den Vermittler beiseite, um ihm flüsternd seine Einwände mitzuteilen. «Wozu haben Sie mich hiehergebracht?», fragt er ihn vorwurfsvoll. «Sie ist hässlich und alt, schielt und hat schlechte Zähne und triefende Augen …» – «Sie können laut sprechen», wirft der Vermittler ein, «*taub ist sie auch.*»

– Der Bräutigam macht mit dem Vermittler den ersten Besuch im Hause der Braut, und während sie im Salon auf das Erscheinen der Familie warten, macht der Vermittler auf einen Glasschrank aufmerksam, in welchem die schönsten Silbergeräte zur Schau gestellt sind. «Da schauen Sie hin, an diesen Sachen können Sie sehen, wie reich diese Leute sind.» – «Aber», fragt der misstrauische junge Mann, «wäre es denn nicht möglich, dass diese schönen Sachen nur für die Gelegenheit zusammengeborgt sind, um den Eindruck des Reichtums zu machen?» – «Was fällt Ihnen ein?», antwortet der Vermittler abweisend. «*Wer wird denn den Leuten was borgen!*»

«In allen drei Fällen ereignet sich das nämliche», sagt Freud. «Eine Person, die mehrmals nacheinander in gleicher Weise reagiert hat, setzt diese Weise der Äußerung auch bei dem nächsten Anlasse fort, wo sie unpassend wird und den Absichten der Person zuwiderläuft. (…) Der Vermittler der zweiten Geschichte wird von der Aufzählung der Mängel und Gebrechen der Braut so fasziniert, dass er die Liste derselben aus seiner eigenen Kenntnis vervollständigt.» Im dritten Witz äußert er, nur um das letzte Wort zu haben, eine Meinung, die all seine Bemühungen zunichtemacht. Und Freud zieht den Schluss: «Überall siegt der Automatismus über die zweckmäßige Abänderung des Denkens und Äußerns.»

An späterer Stelle zitiert er Witze, die auf «Überbietung» beruhen. Hier ein jüdischer Witz, der zu denen – so sagt er – «vom groben Kaliber» gehören. Andere mögen ihn als antisemitisch betrachten. Ich denke, dass es sich hier eher um ein Verfahren handelt, das darin besteht, die antisemitischen Themen ins Absurde zu übersteigern, also um eine «Überbietung», wie Freud es nennt.

– Zwei Juden sprechen über das Baden. «Ich nehme jedes Jahr ein Bad», sagt der eine, «ob ich es nötig habe oder nicht.»

Einige Witze tauchen nur in dem Kapitel über die Tendenzen des Witzes auf, in dem Freud auch ausführlich auf einige Witze aus dem vorangegangenen Kapitel zurückkommt. So kommentiert er, im Zusammenhang mit einer Reihe von Witzen, die die Beziehungen der armen und der reichen Juden zueinander schildern, erneut den «prächtigen Verschiebungswitz» über den Schnorrer, der beim Baron um das Geld für eine Badereise nach Ostende bettelt, weil ihm für seine Gesundheit nichts zu teuer ist. Er fügt die beiden folgenden Witze hinzu, die er derselben Reihe zuordnet.

– Der Schnorrer, der alle Sonntage (*eher wohl alle Samstage?*) in demselben Haus als Gast zugelassen wird, erscheint eines Tages in Begleitung eines unbekannten jungen Mannes, der Miene macht, sich mit zu Tische zu setzen. «Wer ist das?», fragt der Hausherr und erhält die Antwort: «Das ist mein Schwiegersohn seit voriger Woche; ich hab' ihm die Kost versprochen das erste Jahr.»

– Ein Schnorrer begegnet auf der Treppe des Reichen einem Genossen im Gewerbe, der ihm abrät, seinen Weg fortzusetzen. «Geh heute nicht hinauf, der Baron ist heute schlecht aufgelegt, er gibt niemand mehr als einen Gulden.» – «Ich werde doch hinaufgehen», sagt der erste Schnorrer. «Warum soll ich ihm den einen Gulden schenken? Schenkt er mir was?»

In all diesen Witzen verhält sich der Bittsteller, als wäre das Geld des Reichen sein eigenes. Aber Freud merkt an, «dass der Schnorrer (...) nach den heiligen Vorschriften der Juden wirklich fast das Recht zu dieser Verwechslung hat» (hierzu sei erklärend gesagt, dass im Hebräischen «Barmherzigkeit» und «Gerechtigkeit» dieselbe Wurzel haben). Demnach wären diese Witze eine Auflehnung der Reichen gegen das – wie Freud sagt – «selbst den Frommen schwer bedrückende Gesetz».

Freud zitiert auch aus demselben Ideenumfeld «die Geschichte vom Baron, der, durch die Leidenserzählung des Schnorrers tief ergriffen, seinen Dienern schellt: Werfts ihn hinaus; er bricht mir das Herz!»

Dieser Satz – fügt er hinzu – unterscheidet sich kaum von der nicht mehr witzigen Klage: «Es ist wirklich kein Vorzug, ein Reicher unter Juden zu sein. Das fremde Elend lässt einen nicht zum Genuss des eigenen Glückes kommen.»

Zur Erläuterung einer weiteren Gattung von Witzen zitiert Freud folgende Geschichte.

– Zwei Juden treffen sich im Eisenbahnwagen einer galizischen Station. «Wohin fährst du?», fragt der eine. «Nach Krakau», ist die Antwort. «Sieh her, was du für ein Lügner bist», braust der andere auf. «Wenn du sagst, du fährst nach Krakau, willst du doch, dass ich glauben soll, du fährst nach Lemberg. Nun weiß ich aber, dass du wirklich fährst nach Krakau. Also warum lügst du?»

Diese Geschichte ist sehr bekannt (siehe S. 108). Was den letzten Satz betrifft, finde ich «Das ist nicht nett von dir, so zu lügen!» schöner, weil er auf Jiddisch besser klingt.

Freud ist der Ansicht, dass es sich da um eine «kostbare Geschichte» handele. Die Technik des Widersinns ist hier mit einer anderen Technik gepaart, der Darstellung durch das Gegenteil.

Selbstverständlich war es auf diesen Seiten nicht meine Absicht, in allen Einzelheiten Freuds Untersuchungen über die Techniken der jüdischen Witze zu beschreiben. Aber es schien mir doch interessant aufzuzeigen, welchen Stellenwert Freud in einem Buch über den Humor dem jüdischen Humor beigemessen hat, insbesondere den Geschichten, in denen zwei typische Figuren der jüdischen Welt im Osteuropa des 19. Jahrhunderts im Mittelpunkt stehen: der Schadchen und der Schnorrer.

Bibliografie

1. Die Lebensbedingungen der Juden

Ihre Sprache:

Jean Baumgarten, *Le yiddish*, Paris, PUF (coll. «Que sais-je?»), 1993.

In Russland und Polen:

Rachel Ertel, *Le shtetl. La bourgade juive de Pologne – de la tradition à la modernité*, Paris, Payot, 1986.

In den USA:

Irving Howe, *World of Our Fathers: The Journey of the East European Jews to America and the Life They Found and Made*, New York, Galahad Books, 1994.

2. Studien über den jüdischen Humor

Sigmund Freud, *Der Witz und seine Beziehung zum Unbewussten*, Frankfurt am Main, S. Fischer, 1992.

Judith Stora-Sandor, *L'humour juif dans la littérature. De Job à Woody Allen*, Paris, PUF, 1984.

Avner Ziv, Autor des Artikels über den Humor in *Encyclopaedia Judaica*, Jerusalem.

3. Romane

In französischer Sprache:

Guy Konopnicki, *Au chic ouvrier*, Paris, Libres-Hallier, 1980.

Übersetzungen aus dem Jiddischen:

Scholem Alejchem, *Menachem Mendel, der Spekulant*, Frankfurt am Main, Insel, 1962.
Ders., *Tewje der Milchmann*, München, Manesse, 2002.
Ders., *La peste soit de l'Amérique*, Paris, Liana Levi, 1992.
Ders., *Der Fortschritt in Kasrilewke und andere alte Geschichten aus neuerer Zeit*, Berlin, Buchverlag der Morgen, 1990.

4. Witzsammlungen

In französischer Sprache:

Elie Baroukh und David Lemberg, *5000 ans d'humuor juif*, Paris, J'ai lu, 1995.
Danielle Bloem, *L'humour juif*, Alleur (Belgique), Marabout, 1988.
Ami Bouganim, *Le rire de Dieu*, Paris, Stavit, 1996.
Henry Bulawko, *Anthologie de l'humour juif et israélien*, Paris, Bibliophane, 1988.

Raymond Geiger, *Nouvelles histoires juives*, Paris, Gallimard, 1925.

Marc Hillel, *L'erreur de Dieu. Histoire des histoires juives*, Paris, Perrin, 1997.

Victor Malka, *Mots d'esprit de l'humour juif*, Paris, Seuil, 2006.

Isaac Opatowski, *L'humour juif en histoires*, Paris, beim Autor, 1995.

Marc-Alain Ouaknin und Dory Rotnemer, *Tout l'humour juif*, Paris, Assouline, 2004.

Lionel Rocheman, *Les contes de Grand-Père Schlomo*, Paris, Stock, 1981.

Ders., *Le petit monde de Schlomo*, Paris, L'Harmattan, 1995.

Alain Spiraux, *La carpe farcie de malédictions*, Paris, Gil Wern Éditions, 1996.

In englischer Sprache:

Abraham Hochwald, *The Harper-Collins Book of Jewish Humour*, London, Harper-Collins, 1996.

William Novak und Moshe Waldoks, *The Big Book of Jewish Humor*, Harper Perennial (a division of Harper-Collins Publishers), publiziert in den USA, 1981.

Leo Rosten, *The Joys of Yiddish*, London, Penguin Books, 1968.

Joseph Telushkin, *Jewish Humor. What the Best Jewish Jokes Say about the Jews*, New York, William Morrow and Company, 1992.

In deutscher Sprache:

Salcia Landmann, *Jüdische Witze*, München, dtv, 1962.

In hebräischer Sprache:

Alter Drujanow, *Sefer ha-Bedicha weha-Chidud* («Buch der Witze und Pointen»), 1922; Tel Aviv, Dvir, 1991.

Übersetzungen aus dem Hebräischen:

Ephraim Kishon, *Nicht so laut vor Jericho,* München, Langen-Müller, 1987.

5. Sephardischer Humor

Robert Attal und Claude Sitbon, *Regards sur les Juifs de Tunisie*, Paris, Albin Michel, 1979.

Ami Bouganim, *Récits du mellah*, Paris, J.-C. Lattès, 1981.

André Nahum, *Humour et sagesse judéo-arabes*, Paris, Desclée de Brouwer, 2001.

Dr. Dov Noy, *Contes populaires racontés par les Juifs du Maroc*, Jérusalem (in *Dispersion et unité*, n° 6, Herbst 1965).

Haïm-Vidal Sephiha, *Du miel au fiel. Contes judéo-espagnols.*

Ders., *L'humour des proverbes judéo-espagnols*, in *Humoresques. L'humour juif*, n° 1, Oktober 1990.

Joseph Tolédano, *L'esprit du mellah. Humour et folklore des Juifs du Maroc*, Jérusalem, Ramtol, 1986.

Haïm Zafrani, *La parodie dans la littérature judéo-arabe et le folklore de Pourim au Maroc*, Revue des Études juives, Oktober–Dezember 1969.